정률

: The Law

정률
: The Law
반전 없는 성공의 법칙 38

리웨이원 지음 | 민지숙 옮김

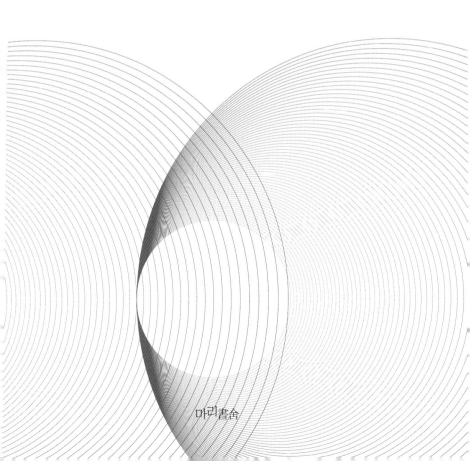

마리書舍

차례

끊임없이 변하는 세상에서 절대 변하지 않는 법칙

이 세상에서 성공하기 위해서는 반드시 따라야 할 법칙이 있다. 세속적인 성공뿐 아니라, 정신과 마음의 성공에 대해서도 그렇다.

자신은 이미 성공의 요건들을 갖추고 있다고 생각해도, 여전히 최선을 다하는 가운데 비틀거리고, 혼란스러운 마음에 어디로 달려나가야 할지 갈피를 잡지 못하는 중일 수 있다. 만약 당신이 이런 문제에 처해 있다면, 게다가 그 문제의 답을 찾기 위해 전전긍긍 해왔다면 이 책을 한번 읽어 보는 게 좋겠다. 이 책에는 성공에 관한 38개의 황금 법칙이 담겨 있다. 한 인간이 성공하고, 집단에 잘 융화되기 위한 방법 등의 다양한 이야기가 있고, 창업을 준비 중인 사람이 갖춰야 할 중요한 능력에 관한 이야기도 실려 있다. 예를 들어, 인적 자원을 어떻게 활용해야 하는지에 대해 이 책은 기본적인 법칙을 알려준다. 그리고 각각의 법칙에 관한 보다 상세한 해석도 곁들여 있다. 이것들이 당신이 마주하고 있는 현실의 문제들을 당장 해결해 줄 수 있는 것은 아니지만 성공하기 위해 필요한 사고방식을 만드는 데는 분명 도움이 될 것이다.

중요한 것은 이런 법칙들이 우리가 문제를 찾아내는 데 도움이 된다는 것이다. 우리가 어떻게 잘못된 방향으로 걸어가고 있는지, 우리가 어떤 일들을 충분히 잘해 내지 못하고 있는지 말이다.

이 성공 법칙들에는 위대한 인물들이 수없이 많은 경험을 통해 증명 해 낸 지혜의 정수가 담겨 있다.

싱가포르에서 강연을 할 때, 나는 독자들에게 더 많이 연구하고 앞서 간 사람들의 경험을 참고해야 하며, 그 안에서 법칙성이 발견된 경험들을 자신의 것으로 만들어야 한다고 이야기했다. 나는 "한 사람이 새로운 길을 걷는 것보다, 이미 수천수만 가지 길을 걸어갔던 사람들의 경험을 거울삼아 자신에게 가장 어울리는 길을 하나 골라내는 것이 낫다"고 말했다.

그렇게 하면 3가지 좋은 점이 있다.

첫째, 생각하는 시간을 절약할 수 있다. 시간은 곧 돈이며, 생명을 지닌 존재이다. 현대 사회는 모두가 도망치거나 뒤쫓거나, 공격하거나 그 공격을 피해야 하는 치열한 경쟁 사회다. 기회는 아주 눈 깜짝할 사이에 달아나 버린다. 이렇게 잔인한 현실은 충분히 시간을 들여 판단하고 경험을 종합할 여유를 주지 않는다. 이 법칙들을 익히고 이용하는 것은 곧 시간을 얻는 것과 같다.

둘째, 위험 부담을 줄일 수 있다. 이미 수많은 사례와 경험을 통해 증명된 법칙에 따라 빠른 속도로 가장 정확한 결정을 내릴 수 있기 때문이다. 더는 두 눈을 가린 채로, 돌멩이를 피해 더듬거리며 길을 건너지 않아도 된다. 뿐만 아니라 위험이 가져온 실패로 인해 자신감이 떨어지는 일을 피할 수도 있다.

셋째, 쌓아 나가는 속도가 빨라진다. 우리는 누구나 무엇인가를 쌓아 나가야 하는 단계를 경험한다. 지식, 경험, 심지어는 교훈까지도 쌓여서 축적된다. 또한 우리는 언제나 실수를 통해 성숙해진다. 이런 법칙들을 익히는 것은 쓸데없이 직접 겪어야 하는 일을 줄여 주면서 다른 사람의 교훈을 흡수할 수 있게 해 준다. 그러므로 빠른 속도로 성장할 수 있고, 순식간에 다른 사람을 따라잡을 수 있게 되는 것이다.

어느 날 기자 한 사람이 내게 이렇게 물었다. "오늘날 중화권 사람들에게 가장 부족한 것은 이상과 꿈입니다. 하지만 당신은 언제나 어떻게 하면 성공할 수 있는지에 대해 이야기하고 있습니다. 그건 지나치게 실리와 이익만 중시하는 태도가 아닐까요?"

언제까지고 성공하지 못하는 사람이 있다. 가정에서도 일에서도 모든 일이 잘 안 풀리는 상황에서 그의 이상이 어떻게 뿌리를 내릴 수 있다는 걸까? 이는 아주 현실적인 문제인 것이다. 이상에 대해 이야기하는 사람들은 대체로 언제나 현실을 멀리 벗어나 있다. 모든 일에는 분명 일정한 법칙과 규정이 있다. 그런데 실패하는 사람들은 굳이 그 반대 방향으로 가려고 한다. 그렇게 해야 속물이 아니라고 착각하는 것이다.

이런 잘못된 인식은 사람을 쉽게 그릇된 생각에 빠지게 만든다. 기존의 법칙과 반대로 해야 비로소 자신의 개성을 드러낼 수 있다고 생각하는 것이다.

명문대를 졸업한 한 우등생을 예로 들어 보자. 그는 학교에서 나와 사회로 나가는 과정에서 많은 준비를 했다. 그는 이제 어떻게 해야 하는 걸까? 물론 가장 먼저 해야 할 일은 적합한 일을 찾는 것이지만 그와 동시에 자신의 이상을 펼치기 위한 무대도 찾아야 한다. 일을 하는 것이 그의 이상이라면, 그가 마주하고 있는 현실이 바로 그의 무대가 된다. 일을 하면서 동료와의 좋지 않은 관계를 잘 처리하지 못하고, 상사의 지시에 대해 겉으로는 따르지만 속으로는 따르지 않거나, 팀 의식이 부족해 혼자 겉돌고, 심지어 극단적인 태도로 고집을 부린다면 그것이 곧 자신의 무대를 망가뜨리는 짓이 아닐까?

이 책에는 수없이 많은 사람들이 앞서 결론 내린 황금법칙들이 담겨 있다. 이 법칙들은 한 개인이 사회에 쉽게 녹아들고, 자신이 가지고 있는 재능을 100퍼센트 발휘할 수 있게 도와줄 것이다. 가정이 행복하고, 직장이나 사업에서 성공하길 바라는 사람이라면 이 책을 읽고 공부하기를 추천한다. 또한 이 책에는 스스로를 자극하기 위한 경전으로써 간직할 만한 이야기도 담겨 있다.

리웨이원 李维文

야자와矢沢의 법칙

— 자신의 주인이 될 것 —

모든 사람은 자기 인생의 주인이 되고 싶어 하며 타인의 지배나 명령을 본능적으로 달가워하지 않는다. 우리는 스스로 자신의 주인이 되어 외부로부터의 통제를 거부할 수 있어야 한다. 이것이 일본의 경영학자 야자와가 제안한 '야자와의 법칙'이다.

독립성을 갖춘 인재가 되자

우리가 살면서 마주하게 되는 문제의 근본은 한 단어로 요약된다. '통제'이다. 우리는 본능적으로 관계 속에서 상대방을 통제하고 싶어 한다. 그러므로 상대방이 뜻대로 움직여지지 않을 때 혹은 우리의 계획을 따르지 않을 때 불안을 느낀다. 우리가 스스로를 통제할 수 없는 때는 더욱 초조해진다.

자신의 주인이 될 수 없다는 사실은 그 자체로서 하나의 재앙이 된다. 스스로 자신의 인생을 지배하는 것은 무엇보다 중요한 일이다. 그러므로 인생의 길에 대해서도 그것이 성공으로 귀결되든 실패를 하든 우리는 끊임없이 이런 질문을 던지게 된다.

　　나는 행복한가?
　　나는 스스로의 행복을 결정할 수 있는가?

이 질문에 대한 답이 '아니오'로 나온다면 그 인생은 성공과는 동떨어진 방향을 향해 있는 셈이다. 재산이 억대를 넘고, 직장에서 모든 것을 마음대로 할 수 있고, 명예와 재물을 한 손에 들고 있다 해도 인생 자체가 고통의 시간이 될 것이다. 자신에 대해 불신을 품게 되고, 자신의 뜻에 부딪히는 외부의 일에 대해서는 반발을 느끼게 될 것이다. 이런 경우에 대해 야자와 법칙은 이야기한다.

사람은 누구나 자주독립적인 성향을 타고 태어나므로, 스스로 자신의 주인이 되고자 한다. 본능적으로 타인의 통제를 거부하는 것이다.

진정한 인재가 되고 싶다면 독립성을 갖춰야 한다.

직장에 근무하는 사람이 상사의 지시를 따르지 않고 멋대로 행동한다면 상사의 심기에 영향을 미치게 될 것이다. 부정적이고 편향된 태도는 누구에게도 도움이 되지 않을 것이다.

이런 상황이 되는 것은 무슨 수를 쓰더라도 막아야 한다. 하지만 그렇다고 해서 자신의 독립성을 완전히 포기하고 맹목적으로 상사나 사장이 시키는 대로만 한다면 결국 주관을 갖추지 못한 기회주의자로 결론 나 버릴 것이다. 자기 나름의 관점을 버리고, 스스로의 재능과 자질을 감추거나 심지어는 없애 버리는 꼴이 되기 때문이다. 상사나 사장은 그런 당신에게 불만을 품게 될 것이다.

실제로는 엄청난 재능과 실력을 갖추었다 해도, 계속해서 상대방의 비위만 맞추고 무엇이든 시키는 대로만 한다면 상사는 당신을 재능 없고 무능한 사람으로 여기게 될 것이다. 결과적으로 이런 태도는 당신의 진보와 발전에 부정적인 영향을 미치게 된다.

진정한 인재는 자신만의 독특한 관점을 가지고 있는 법이다. 그러므로 상사가 어떤 제안을 할 때 혹은 팀 전체가 머리를 짜내 계획을 세우는 과정에서도 언제나 냉정하고 침착하게 정확한 분석을 해 낸다. 심지어는 전혀 다른 관점을 제시하기도 한다.

"사장님, 물론 사장님의 생각도 좋습니다. 하지만 저는 조금 다른 생각을 가지고 있습니다."

이런 말은 당신이 유익한 제안을 할 수 있는 인재라는 점을 드러내 준다.

건강한 기업이나 우수한 능력을 갖춘 집단 속에서 이런 인재로 성장할 수 있다는 것은 분명 크나큰 행운이다. 또한 우리가 반드시 바라고 노력해야 하는 지향점이기도 하다.

기업의 대표라면 누구나 이런 직원을 눈여겨보게 된다. 결과적으로 조직 속에서의 지위도 안정될 것이다. 다른 사람 손에 쫓겨난다든가 해서 그 조직에 발붙이지 못하게 된다 해도 스스로 자신의 자리를 찾아낼 능력을 갖고 있기 때문에 미래를 걱정하지 않아도 된다.

그러나 "인재는 분명 도움은 되지만 부리기는 어렵다"는 말이 있다. 재능과 실력을 갖춘 사람은 대부분 개성이 강하다. 그들은 조직과 기업의 발전에 큰 도움이 되겠지만 막상 그들을 다루는 일은 쉽지 않다. 독립성과 자기 나름의 가치관에 더해 유별난 성격이나 괴벽도 가지고 있는 경우가 흔하기 때문이다.

이런 인재들은 어떻게 하면 '잘 다룰 수 있을까?'

야자와의 법칙은 우리 자신뿐 아니라 타인을 관리하는 방법도 제시한다.

모든 사람은 자기 나름의 관점과 생각을 가지고 있다.

당신이 지금 관리자의 위치에 있다면 부하 직원들을 잘 다룰 줄 알아야 한다. 무엇보다 먼저 그들이 이루고자 하는 것, 가치관과 미래에 대한 비전을 이해해야 한다. 그런 다음 이것들을 바탕으로 그들을 움직이게 하는 동력을 찾아내야 하는 것이다.

스티븐은 미국 알래스카 주의 한 잠재력 있는 중견기업의 사장이다. 현재 그는 뛰어난 관리자와 일꾼들을 거느리고 있다. 그러나 회사가 막 성장하기 시작할 무렵에는 웃지 못 할 일도 겪어야 했다. 비서가 없었기 때문에 한 동안 그는 직접 문서를 정리해야 했다.

문서를 정리하던 중에 스티븐은 실수로 신입사원 두 사람의 업무를 뒤바꿔 버렸다. 그 두 사람은 잭과 로니였다. 회사에 출근한 잭과 로니는 자신들에게 주어진 일을 보고는 속으로 깜짝 놀라게 된다.

잭은 명문대를 졸업한 우등생이었다. 그는 문서 작성과 비서 업무에 대한 상당히 풍부한 경험을 갖추고 있었다. 반면에 로니는 직장을 잃은 뒤 집에서 지내던 노인이었다. 사회보장 프로그램의 도움으로 생계를 꾸려오던 로니는 창고지기 일이라도 하고자 스티븐의 회사를 찾아왔던 것이다. 자신들에게 할당될 일이 스티븐의 실수로 뒤바뀌었다는 사실을 모르는 두 사람은 면접 과정에서 진지하게 주어진 일을 열심히 하겠노라고 말했다.

그러나 막상 창고로 간 잭은 어이가 없었다. 명문대를 졸업한 인재인 자신이 창고를 지키는 일을 하게 된 것이다. 처음에 그는 이 일이 회사가 자신을 시험하기 위해 만든 통과의례일 것이라고 추측했다. 하지만 점차 시간이 지날수록 잭은 자신이 완전히 잊혀진 것 같은 기분이 들었다. 아무리 봐도 신입사원을 테스트하려는 것 같지는 않았던 것이다.

한편 로니는 비서 일에 전혀 적응할 수 없었다. 예전 직장에서 밀려 난 나이 든 아저씨가 최첨단 기술 설비와 복잡한 문서들 사이에서 패닉에 빠져 어쩔 줄 몰라 하고 있는 모습을 상상해 보라. 하지만 로니는 다년간 직장 생활을 했던 경험을 살려 이런 새로운 환경에 빠르게 적응해 나갔다. 때때로 실수를 하기도 했지만 말이다.

두 달이 지났을 무렵, 잭은 자신에게 맡겨진 일을 더 이상 견딜 수 없었다. 그래서 스티븐을 찾아가 자신의 입장을 이야기했다.

"사장님, 아무래도 전 이 일을 감당할 수 없을 것 같습니다. 제 인생 자체가 망가져 가고 있는 기분입니다. 면접 때 주어진 일을 열심히 하겠다고 한 그 순간이 원망스러울 정도입니다."

스티븐은 깜짝 놀랐다.

"창고 관리 일에 흥미가 없어졌다는 말인가요?"

잭은 대꾸도 하기 싫었지만 그래도 대답했다.

"저는 단 한 번도 창고 관리 일에 흥미를 가져본 적이 없습니다. 여기서 이런 일을 하게 될 줄은 꿈에도 몰랐습니다. 창고를 관리하라니요. 차라리 고양이 한 마리를 잡아다가 대문을 지키라고 하는 게 나을 겁니다."

아무래도 이상한 생각이 들어 서류를 다시 살펴본 스티븐은 깜짝 놀랐다.

"이런, 내가 고급 인력을 창고지기로 쓰고 있었군. 더구나 줄곧 내 곁에 두고 일을 시킨 사람이 실직자가 된 지 몇 년이나 지난 창고 관리인이었다니!"

스티븐은 곧바로 자신의 실수를 바로잡았다. 잭은 비서직으로 옮기고, 로니는 원래 하던 대로 창고 관리인이 되었다. 그건 두 사람 모두에게 잘된 일이었다. 잭은 이렇게 말했다.

"세상에, 드디어 그곳에서 벗어났네. 하마터면 우울증에 걸려 죽을 뻔 했어."

로니도 생각했다.

"야아, 정말 편하다! 내가 잘할 수 있는 일을 하게 되니 얼마나 좋아!"

그 후 잭과 로니는 모두 회사에 큰 공헌을 하게 되었다. 즐거운 마음으로 일하며 성취감 또한 맛보게 된 것이다.

우리는 이 사례를 통해, 부하 직원이 자기 능력을 제대로 발휘할 수 있게 하는 일이든 자기 자신의 주인이 되는 일이든 모두 그에 걸맞는 발전의 무대가 필요하다는 사실을 알 수 있다. 사람은 누구나 자기에게 맞는 무대에 서야 능력을 보일 수 있는 것이다. 그러나 막상 현실에서 인재가 적합하지 않은 곳에 쓰이고 있는 경우를 종종 보게 된다. 물론 이것이 보편적인 것은 아니다.

진정으로 우수한 인재는 자신에게 가장 적합한 무대가 어디인지 알고 있다. 자신에게 맞는 무대를 찾아내는 능력이 곧 그가 우수한 인재인지 아닌지를 결정하기 때문이다. 인재란 일찌감치 자신의 독립성과 개성을 받아들여 주는 환경을 찾아내서 재빨리 그 안으로 들어가 자신의 운명을 거머쥐는 사람들이다.

세상을 바꾸기보다 스스로를 바꾸자

우리 모두는 시작이 무엇보다 중요하다는 사실을 알고 있다. 그러나 한 사람의 성장 과정에서는 그 성장을 가로막는 문제가 발생하기 마련이다. 그래서 우리는 끊임없이 달라져야 한다. 변화가 하나의 기본 원칙이 되어야 하는 것이다.

하지만 사람들은 보통 환경을 바꾸려고 든다. 그 환경이 자신에게 맞게 달라지길 바라는 것이다.

이렇게 불만을 말하는 사람이 있다.

"나는 아직 내 뜻을 펼칠 기회를 만나지 못했어. 이런 세상은 나에게 맞지 않아."

혹은 이렇게 말한다.

"이 분야의 일은 너무 혼란스러워. 내 재능을 보여줄 곳이 아닌 것 같아."

이런 게 바로 환경을 바꾸려고 하는 태도이다. 하지만 환경을 바꾸기 위해서는 먼저 그 환경에 적응을 해야 하는 것과 마찬가지로, 환경에 적응하는 과정 속에서 먼저 자기 자신을 바꿔야만 한다. 당신이 달라지지 않는 한 환경 또한 끝까지 당신에게 맞춰지지 않으며 결국 당신을 향해 문을 닫아 버리고 말 것이다.

좌절과 곤경은 언제나 함께 온다. 그것들은 인간의 진보와 성장의 과정에서 영원히 사라지지 않을 요소들이다. 그 속에서 스스로 변하는 것이야말로 좌절을 직면하고 곤경을 극복하는 가장 좋은 방법이다. 스스로 변하는 것이 곧 환경을 바꾸는 첫 걸음이 된다.

우리 모두가 잘 아는 귀여운 생쥐 제리와 실수와 실패를 거듭하는 고양이 톰의 이야기를 해 보자.

한 어미 생쥐가 아기 생쥐를 낳았다. 아기 생쥐는 커 가는 과정에서 고양이의 위협을 마주하게 된다. 어미 생쥐가 먹을 것을 구하러 나가면, 아기 생쥐는 홀로 남겨진다. 오랜 시간을 기다려도 어미가 돌아오지 않자 어린 생쥐는 엄마를 찾기 위해 밖으로 나가기로 결심한다.

아무런 경험도 없는 아기 생쥐가 바깥세상으로 나간다는 것은 아주 위험한 선택이다. 하지만 그는 이런 상황에 대해 알지 못했다. 고양이가 어떻게 생겼는지조차 모르고 있었다. 집을 나선지 얼마 지나지 않아 아기 생쥐는 곧바로 고양이와 마주친다. 그는 재빨리 몸을 돌려 바람처럼 집으로 돌아온다. 그 사이 이미 집에 돌아와 있던 어미는 아기 생쥐가 무사히 돌아온 것에 크게 안도했다.

하지만 고양이는 쥐구멍을 찾아낸다. 그리고 쥐구멍 앞에 엎드려 생쥐들이 나오기를 기다린다. 다른 뾰족한 수가 없다면 고양이는 어미 생쥐가 먹을 것을 구하러 밖에 나오는 순간까지 기다릴 것이며, 그 순간 바로 생쥐를 잡아먹어 버릴 것이다. 아기 생쥐는 물론 무서워 죽을 것 같았다. 밖에서 마주친 고양이의 모습을 떠올리면 심장이 벌렁거리고 식은땀이 흐르는 것이다.

"엄마, 우리는 이제 어쩌면 좋죠?"

아기 생쥐는 눈앞에 닥친 위기 상황을 해결할 방도를 찾아 머리를 쥐어짠다.

어미 생쥐는 침착하게 쥐구멍 쪽으로 다가간다. 그리고 밖을 향해 두 번 개 짖는 소리를 내고는 아무렇지도 않게 쥐구멍 밖으로 나간다. 고양이는 이미 개 짖는 소리에 놀라 달아나 버린 뒤이다.

이 이야기는 두 가지 사실을 시사해 준다.

하나는 고양이의 천적이 개이며, 고양이가 상황에 대해 정확한 판단을 내리지 않았기 때문에 생쥐의 연기에 놀라 도망쳐 버렸다는 것이다. 두 번째는 생쥐가 자기 자신을 바꾸자 주변 환경 역시 따라서 변했다는 사실이다. 고양이가 자신이 개를 만났다고 착각하게 만들어 허겁지겁 도망치게 만든 것이다.

곤경에 처했을 때 항상 상황을 회피해 버리는 사람들이 있다. 마치 곤경을 벗어날 길이 없는 것처럼, 그것을 극복할 방법이 전혀 없는 것처럼 말이다. 이런 행동을 하게 하는 의식의 밑바닥에는 자신에 대한 불신이 깔려 있다. 스스로 임기응변의 재량이 부족하다고 여기고, 자신은 도저히 달라질 방법이 없는 것처럼 생각하는 것이다.

스스로에 대한 믿음이 없는 사람들도 있다. 그들은 언제나 별다른 생각 없이 다른 사람의 의견과 요구를 그대로 따른다. 다른 사람이 제시한 의견이 잘못된 것이고, 이치에 맞지 않는 것이라 할지라도 그대로 따라 버린다. 그것이 조정될 여지가 있는지에 대해 냉정하게 생각하지 않는 것이다.

자기 암시를 이용해 자신을 지배하자

감정을 컨트롤한다는 것은 쉬운 일이 아니다. 자기 운명의 주인이 되는 것 또한 하루아침에 해낼 수 있는 일이 아니다. 그러기 위해서는 큰 노력을 들여 스스로를 판단하고 현실을 직면해야 한다.

스스로에 대한 깊이 있는 통찰이 가능한 사람이라면 자기 암시라는 방법을 통해 감정을 통제할 수 있다는 사실을 알고 있을 것이다. 자기 자신을 지배하고 싶다면 마찬가지로 아주 긴 자기 암시의 계단을 거쳐야 한다.

자기 자신을 지배하기 위해서는 먼저 마음을 아주 유쾌하고 즐거운 상태로 만들어야 한다. 유쾌한 마음 상태는 스스로를 충분히 인식할 수 있게 해 준다. 자신감 또한 저절로 드러나 좌절과 곤경을 적극적으로 직면할 수 있게 된다. 중요한 것은 그렇게 좋은 감정 상태를 유지시키며 끊임없이 자기 암시를 계속해 나가는 것이다.

"이 문제는 도저히 해결 못 하겠어!"
"이건 아주 사소한 문제 가운데 하나일 뿐이야. 나는 반드시 극복해 내겠어!"
"스스로를 바꾸는 건 그리 어려운 일이 아냐. 나는 이미 완전히

나 자신인걸. 그러니까 나는 완전히 달라질 수도 있어!"

자기 암시는 긍정적인 자아 변화에 도움이 된다. 자기 암시를 이용하면 문제가 발생한 바로 그 순간 본능적으로 자기 자신에게서 문제의 원인을 발견하고, 핵심적인 부분의 변화를 준비함으로써 문제를 해결하고자 하게 된다. 뿐만 아니라 자신이 그걸 해낼 수 있다고 믿게 된다. 결과적으로 환경을 원망하지 않고 다른 사람을 탓하지 않게 되는 것이다.

카를 Karl 의 법칙

― 사물의 본질에 주목할 것 ―

모든 일은 연출된 극이다. 무대 위에서 빛나기 위해서는 막 뒤에서 끊임없이 애써야 한다. 이것이 카를의 법칙이다. 그것은 축적과 분출의 변증 관계를 의미한다. 동시에 실력과 그것을 드러내는 일 사이의 변증 관계를 보여 준다.

좋은 품성은 겉으로 드러날 때 가치를 갖는다

훌륭한 연극을 보면 사람들은 보통 그 연극의 빼어남과 스스로 느낀 감동에 집중한다. 대부분의 사람들은 무대 뒤에서 이루어 졌을 노력에 대해서는 생각하지 않는다. 다시 말해, 사람들은 대부분 성공을 어떤 이미지로 생각하고, 그 성공을 가져온 가장 중요한 요인이 무엇인지에는 관심을 두지 않는다는 것이다.

바로 이런 태도가 "동시東施가 서시西施의 눈썹 찡그리는 것을 따라한다"와 같은 우스꽝스러운 일을 만드는 것이다. 수많은 사람들은 스타의 성공을 부러워하고, 모든 것을 따라한다. 그 결과 사람들에게 비웃음을 사는 동시가 된다.

모든 성공은 실질적인 노력을 필요로 한다. 땀을 흘리지 않으면 어떤 소득도 없다. 무대 뒤에서의 고생 없이는 누구도 영광을 누릴 수 없는 법이다.

카를의 법칙은 동시에 3가지의 의미를 전해 준다.

첫째, 모든 일은 무대 위에서 이루어진다.

이는 결코 경쟁력을 외부에 드러내는 일에 집중하라는 뜻이 아니다. 그보다는 소비자의 관심을 끌어들이는 태도를 말하는 것이다. 상품의 겉모습을 더 낫게 꾸미고, 광고와 선전을 더하고, 스타가 대신 이야기하는 방법 등을 통해 소비자가 상품에 관심을 갖게 만드는 것이다. 나아가 소비자가 그 상품에 대해 어떤 이미지를 기억하게 해서 상품의 경쟁력을 높이는 것이다.

둘째, 무대 뒤에서의 노력은 무대 위의 모습보다 훨씬 더 큰 가치를 지닌다.

어떤 제품이 겉으로 보기에 얼마나 세련되었는지, 광고 선전이 어떻게 대중들에게 전달되는지, 모델로 쓴 스타의 영향력이 얼마나 크든지 간에, 가장 중요한 경쟁력은 제품의 품질에 있다. 품질은 제품의 가장 본질적인 경쟁력이다. 제품의 품질에 대한 관심을 잃어버리면, 아무리 겉모양이 좋다 해도 빛 좋은 개살구에 지나지 않는 것이다.

셋째, 효과적으로 매력을 드러내서 고객의 관심을 끌수 없다면, 제품의 품질 역시 존재의 가치를 잃어버리게 된다.

기업은 다양한 방식으로 소비자에게 제품의 품질을 알려야 한다. 배우의 경우에도 마찬가지다. 그가 대스타가 되는 것은 사람들이 그가 가진 재능과 실력을 알아보았기 때문이다. 같은 이치로, 기업의 경우에는 제품의 품질이 가장 기초가 되는 부분이다.

그러나 '느껴지는 품질'이 없다면, 그 제품은 인기를 끌 수 없다. 소비자들이 알아볼 수 있어야 품질 또한 존재 가치를 갖는다.

누군가 고급 포도주를 숨겨 두었다고 치자. 아무도 그것을 마시지는 못 하고 그저 멀리서 바라보고, 냄새를 맡아볼 수 있을 뿐이다. 그러면 이 고급 포도주의 가치는 드러날 방법이 없는 것이다. 사람들이 인식할 수 있는 것은 이 포도주로부터 연상되는 것들일 뿐, 실제 감각 기관의 경험을 통해 이루어지는 것은 없다. 포도주의 뚜껑을 열고, 그것을 맛보게 해야 사람들은 비로소 이 포도주의 진정한 가치를 알 수 있게 된다.

동창 모임 같은 자리에서 몇 년 잘 묵혀둔 술이 사람들의 관계에 긍정적인 영향을 미치는 것 또한 같은 이치이다. 좋은 술은 밖으로 꺼내져야 한다. 그것을 꺼내는 동시에 좋은 술이어야 한다. 이 둘은 서로 떼어 놓을 수 없는 부분이다.

하지만 때로는 술을 숨겨 두는 것이 가치를 높이는 일이 되기도 한다. 보관 연도가 길어질수록 술의 가치는 점점 더 높아진다. 그러나 오래된 술의 가치가 빛을 보려면 사람들이 그 술을 맛보는 순간이 필요하다.

좋은 품질은 반드시 겉으로 드러날 수 있어야 한다. 그래야만 비로소 진정한 가치를 지니게 된다. 나쁜 품질은 겉으로 드러난다 하더라도 인정을 받을 수 없다.

좋은 품질이 쌓이고 쌓여서 만들어지는 것이 명성과 인정이다. 우리는 끊임없이 좋은 품질을 쌓아가야 한다. 그리고 그것을 겉으로 드러내야 한다. 그래야만 자신만의 특별한 가치를 실현할 수 있다.

인생의 대부분은 좌절이지만
이를 쌓아나갈 필요가 있다

좌절과 곤경은 항상 함께 온다.

사실 인생 대부분이 그렇다. 좌절과 곤경을 발전적인 상태로 만들어야만 문제에 적극적으로 직면할 수 있게 된다. 말하자면 끊임없이 문제를 해결하는 과정 가운데 자신의 발전을 이루고 최종적인 목표에 이르게 되는 것이다. 그러므로 좌절과 곤경의 겉모습에 속아 넘어가지 말아야 한다. 좌절과 곤경의 모습은 그것이 끊임없이 쌓여서 만들어진 것이다.

표면적인 모습을 인식하는 일에 지나치게 주의를 기울이지 말자. 본질 속으로 깊이 들어가 문제의 근원을 찾아야 한다. 그래야 비로소 문제를 효과적으로 해결하고 발전을 이룰 수 있다.

좌절이란 문제 혹은 자신의 결함이 쌓여서 초래되는 문제이다. 다시 말해 우리가 직면한 좌절감은 자신의 부족한 부분이 야기한 문제가 그때 해결되지 않고 계속해서 조금씩 쌓여서 만들어 진 것이라는 점이다. 때로는 객관적으로 자신의 결함을 인식하지 못해 능력에 제한이 생기고 그것이 쌓여 점진적으로 만들어 지기도 한다.

좌절은 우리 자신으로부터 비롯되는 것이며, 어찌 보면 필연적인 것이다.

세상에 완벽한 사람은 없다.

이 말은 사람이 좌절하는 이유를 합리적으로 설명해 준다.

좌절은 필연적이고 합리적인 발전 현상이다. 좌절을 정확하게 대면하기 위해서는 적극적인 태도를 가져야 한다.

좌절은 겉으로 드러나는 표상일 뿐이다. 그것의 본질은 문제의 축적과 자신의 결함의 축적이다. 문제의 본질을 발견해야 좌절을 야기하는 근본 원인을 찾아낼 수 있다.

총체적으로 보면, 좌절은 시금석과 같다. 좌절을 대하는 태도는 한 사람의 발전 방향을 결정하는 경우가 많다. 그러므로 좌절에 지배당해서는 안 된다.

좌절은 겉으로 드러난 모습에 불과하다. 성공 또한 마찬가지다. 성공은 끊임없이 무언가를 쌓아서 서서히 이루는 것이다. 그 안에는 수많은 실패가 쌓여 있기 마련이다.

순풍에 돛을 단 배처럼 성공을 이루는 사람은 없다. 그리고 누구나 반드시 성공하는 것은 아니다.

빌 게이츠Bill Gates나 워런 버핏Warren Buffett의 일대기를 보면 그들
이 성공할 수밖에 없었다고 말하기는 어렵다. 그들이 성공한 것
을 필연이었다고 생각한다면, 이는 당신이 그들 성공의 결과만
을 보고 있다는 뜻이다. 만약 당신이 그들이 사람들 앞에 보여주
는 모습을 흉내 낸다면, 잠깐 동안은 성공을 구할 수 있을 것이
다. 그러나 이런 종류의 성공은 덧없이 사라지는 것이다.

우리는 몇 년 전 이와 같은 사례 하나를 만났다. 창업자 한 사람
이 성공한 기업가의 강연을 듣고 그대로 믿었다. 그리고 그의 말
을 곧이곧대로 따랐다. 그 결과는 참혹한 실패였다. 이는 그가
자신의 상황과 어울리지 않는 일을 했기 때문이다. 상대방의 성
공 과정을 통해 진정한 자기 경험을 발견해 내지 못한 것이다.
그러니 실패하는 것은 당연한 일이다. 모든 자기계발론이 다 당
신에게 적합한 것은 아니다. 그렇기 때문에 모두가 성공으로 향
하는 방향을 제시해 줄 수는 없는 것이다.
설사 이미 사업상의 성공을 이루었다고 해도 문제는 여전히 존
재한다. 기업 관리 가운데 이런 현상이 아주 극명하게 나타난다.
한 기업이 이미 어느 정도 발전 궤도에 진입해서 이전의 문제
가 조금씩 줄어들고 있다 하더라도, 새로운 문제가 찾아오기 마
련이다. 기업은 끊임없이 문제를 찾아내서 해결해 나가야 한다.

사람들이 흔히 "아무 문제가 없다고 하는 것이 기업에게 있어 가장 큰 문제"라고 말하는 이유가 여기에 있다.

문제에 대해 관심과 주의를 기울이지 않는 한 성공은 계속될 수 없다.

그러므로 실패와 곤경은 우리가 흔히 생각하는 것만큼 끔찍한 것이 아니다. 성공과 순조로움 또한 생각하는 것만큼 그렇게 좋은 것이 아니다. 중요한 것은 언제나 존재하기 마련인 문제를 분별하는 판단력을 익히는 것이다. 끊임없이 실패와 성공을 경험하면서 문제의 근본 원인을 찾아내야 한다. 노력하는 과정에서 자신의 문제를 해결하는 능력을 끌어올릴 수 있어야 최종적인 성공을 이룰 수 있다.

베르나르 Bernard 효과

— 최고의 경지를 목표로 할 것 —

베르나르는 재능이 많은 사람이었다. 그는 평생 동안 노벨상을 받을 기회가 여러 번 있었다. 하지만 그는 수많은 분야를 광범위하게 훑었고 언제나 여러 논문들 사이에서 생각이나 주제를 뽑아내는 일을 즐겼다. 그리고 어느 한 분야에 잠시 손을 댔다가는 다른 사람이 그 주제를 가지고 계속 연구할 수 있도록 넘겨주었다. 덕분에 남들은 아주 빠르게 연구 성과를 얻었고 그 결과 노벨상을 받았다. 그러나 베르나르 본인이 한평생 받은 상 가운데 가장 영예로운 것은 영국 왕실학회에서 준 훈장이 전부였다.

최고가 귀하지 많은 것이 귀한 게 아니다

베르나르 효과는 우리에게 두 가지 문제를 시사해 준다.

첫째, 손대고 있는 분야의 깊이와 넓이 가운데 한 가지를 반드시 선택해야 한다는 것이다.
둘째, 시작도 중요하지만 끝마무리를 잘하는 것이 성공의 관건이라는 점이다.

수많은 일 사이를 이리저리 기웃거리며 다닐 게 아니라 한 가지를 파고 파서 최고의 경지에 이르러야 한다.
발을 들여놓고 있는 범위가 지나치게 넓어서, 베르나르는 언제나 한 가지 주제를 연구하는 와중에 또 다른 프로젝트에 대한 새로운 관점이나 생각이 떠올리게 되었다. 이런 새로운 관점과 생각들이 가지고 있는 흡입력은 당장 손 대고 있는 연구에 대한 관심을 뛰어넘기 쉽다. 그래서 베르나르는 하던 일을 접어두고 새로운 프로젝트로 고개를 돌리곤 했다.
이런 현상은 우리의 실생활에서도 시시각각 일어난다.
아주 여러 가지 일에 손 대고 있는 상인이 있다. 그래서 그는 한 가지 아이템을 살펴보던 가운데 아주 쉽게 새로운 생각을 떠올릴 수 있다. 그러면서 또 다른 아이템에 투자하는 것이다. 물론 이런 식의 결정이 심사숙고를 거친 뒤라면 바람직한 결과를 가져오기도 한다. 하지만 먼저 살펴보던 아이템이 이미 오랜 시간 관심을 가져왔던 것이라면 이 역시 시간낭비이다.

인간관계에 대해서도 마찬가지 일이 일어나곤 한다. 특히나 교제하는 사람들의 범위가 넓다면, 아주 쉽게 이런 경우를 마주하게 될 것이다. 누군가의 도움이 필요해서 부탁을 한 뒤에, 갑작스레 어떤 다른 사람이 당신의 요구를 훨씬 더 만족시켜줄 수 있다는 사실을 깨닫고 돌연 그 사람에게 도움을 구하게 되는 상황 말이다. 비록 이런 선택이 당장의 필요를 더 잘 만족시켜 준다 해도, 그것이 냉정한 분석을 거쳐 내려진 결정이 아니라면, 당신은 '믿을 수 없는' 혹은 '사귈 만하지 못한' 사람으로 알려지며 인간관계의 위기에 빠질 가능성이 높다.

손 대고 있는 분야의 깊이와 넓이 사이에는 복잡한 관계가 있다. 일정한 범위 안에서 양자는 아주 잘 결합할 수도 있지만, 이 범위를 넘어선 뒤에는 한쪽이 커지면 다른 한쪽이 줄어드는 관계가 된다. 손 대고 있는 분야의 범위는 그 깊이에 영향을 미쳐 문제를 다원화시키고 복잡하게 만든다. 일단 한 가지 문제가 어느 한 분야의 허용 범위를 넘어서면, 양자 모두 심각한 영향을 받는다. 베르나르와 마찬가지로 당신은 관심 분야의 넓이와 깊이 사이에서 자신의 진정한 목표를 잃어버리게 될 수 있다.

그러면 분야의 깊이와 넓이를 어떻게 정의해야 비로소 양자 간의 조화를 이룰 수 있을까?

이는 베르나르 효과가 제시하는 또 하나의 문제이다.

진정한 의미의 성공이란 무엇인가. 성공이 가지는 의의는 사람마다 다 다를 것이다. 어떤 사람은 한평생 한 가지 일에 몰두해서 다른 사람들의 눈을 번쩍 뜨이게 하는 성공을 얻는다. 우리는 이런 사람들을 성공한 사람이라고 할 수밖에 없다. 반면에 어떤 사람은 한평생 서로 다른 영역에 조금씩 발을 들여 놓는다. 비록 어떤 분야에서는 그들이 실패할 수 있지만, 어떤 영역에서는 항상 앞서가는 지위를 지킬 수 있다. 이들 역시 성공한 사람이라고 해야 할 것이다. 하지만 또 다른 종류의 사람이 있다. 그들 또한 일생 동안 다양한 분야에 폭넓게 발을 들여 놓는다. 그들은 보통 사람들을 뛰어넘는 타고난 소질과 지식을 잔뜩 쌓아두고 모든 영역에서 제법 괜찮은 성과를 낸다. 우리가 앞에서 만난 베르나르처럼 말이다.

그렇다면 어떻게 해야 비로소 성공한 인생이라는 평가를 받을 수 있을까? 성공한 인물은 어떤 소질을 갖춰야 하는 걸까?

시작도 중요하지만 마무리를 잘하는 것이
성공으로 가는 유일한 길이다

끝까지 잘해 낸다는 것은 끊임없이 버텨 낸다는 것이다. 곤경과 위험을 두려워하지 않고, 그것이 당신을 곤경과 어려움에 빠뜨릴 수 있을 때, 자신의 꿈을 포기하지 않는 것이다. 자신이 추구하는 것이 무엇인지 잊지 않는 것이다.

대학생의 취업 문제는 끝까지 잘해 낸다는 것의 중요성을 직접적으로 반영하고 있다. 4년간의 학업 기간을 거치며 대학생은 일정한 지식과 기술 능력을 갖춘다. 그들은 마땅히 사회 발전의 강력한 동력을 만들어낼 수 있어야 하지만 현실은 이와 동떨어져 있다. 많은 대학생들이 일에 뛰어든 지 얼마 되지 않아 또 일을 바꾸는 것을 보게 된다. 물론 사회생활을 시작한 다음에 오는 마음의 동요는 피하기 어려울 것이다. 하지만 우리는 대다수의 대학생들이 깊은 고민 없이 그저 새로운 환경에 적응하지 못했다는 이유로 직장을 바꾼다는 것을 알고 있다. 일을 시작한 초창기에는 대부분의 대학생 모두가 자신의 전공이나 꿈과 관련 있는 직업을 선택할 수 있다. 하지만 일하는 과정에서 각종 문제들을 겪게 되면 대다수의 사람은 직장을 그만두는 쪽을 택한다. 그러고는 자신의 꿈을 되돌아보기 시작한다. 심지어는 자신의 꿈을 의심하기 시작하기도 한다. 그러다가 결국 수많은 사람들이 안정적이고 평범한 일을 선택하게 된다.

그러나 꿈을 포기한다는 것은 곧 성공의 궤도에서 멀어지는 것이다. 설사 나중에 하게 된 일을 통해 경제적인 수익을 크게 얻는다 해도 이전에 포기했던 꿈 때문에 씁쓸함과 허전함을 느끼게 될 것이다.

이런 사람들은 이미 악순환의 궤도에 들어선 셈이다.

도전해본다 – 문제에 부딪힌다 – 문제를 회피한다 – 포기한다 – 실패한다 – 계속해서 도전한다 – 문제에 부딪힌다 – 포기한다 – 실패한다.

이런 악순환의 고리는 사람을 그 안에 깊이 빠져 헤쳐 나갈 수 없게 만든다. 설령 스스로를 만족시키는 일을 찾는다 해도, 이후의 일 가운데 이 악순환은 똑같이 영향을 미치게 된다.

그렇다면 어떻게 해야 하는 걸까.

첫째, 자신에게 진정으로 잘 맞는 일을 찾아야 한다. 그리고 그것은 실현 가능한 것이어야 한다.

이것은 이상을 실현하는 가장 중요한 첫걸음이다. 대부분의 경우 악순환의 궤도로 걸어 들어가게 되는 것은 스스로에게 적합한 이상을 설정해 놓지 않았기 때문이다.

자신이 어떤 일을 할 수 있고, 그것을 어떤 방법으로 하며, 어떤 모습의 성취를 이루어야 하는가를 알고 있어야 하는 것이다. 그러려면 자신의 실제로부터 출발해서, 충분히 스스로를 관찰해야 한다. 거기에 사회적인 요구에 부합되는 분명한 이상을 세워야 한다. 또한 그 이상을 실현하는 과정에서 자신이 어떤 강점을 가지고 있는지를 알아야 한다.

어떤 약점이나 부족함이 꿈을 이루는 데 장애가 될 것인가? 어떻게 자신의 강점을 발휘하고, 동시에 자신의 약점과 부족한 부분을 버리거나 채울 수 있을 것인가?

이런 식의 자신을 향한 끈질긴 질문과 깊은 관찰은 당신의 이상을 더욱 명확하게 만들어 줄 뿐 아니라, 당신을 투지로 가득 차게 해 준다. 동시에 당신과 사회의 요구 사이에 공명이 일어날 수 있게 한다. 결과적으로 앞길이 평탄해 지는 것이다.

둘째, 꾸준한 끈기가 필요하다.

자신에게 적합한 이상을 세운 뒤에는 꿈을 이루는 길에 순풍만 불지 않는다는 점을 명심하고 있어야 한다. 당신은 각양각색의 문제와 고난을 만나게 될 것이다. 만약 고난을 만나 포기하는 것을 선택한다면 곧바로 악순환의 궤도로 들어서게 되고 자신의 꿈을 실현하는 길은 아주 멀어지게 될 것이다.

필요한 것은 끈질긴 의지력이다.

문제가 생기는 것이 당연하며, 이런 문제들을 해결하며 자신의 이상을 실현하는 것 역시 당연한 것이라고 믿어야 한다. 그래야만 문제를 용감하게 마주할 수 있다. 그리고 그 문제를 해결하는 데 전력을 다할 수 있게 된다. 꾸준함은 한 사람이 어떤 작업을 완성하거나 자신을 성취하는 과정에서 갖추고 있어야 할 가장 필수적인 소양 가운데 하나다.

셋째, 필요한 순간에 가장 현명한 선택을 해야 한다.
꿈을 이루어 가는 과정에서 마주해야 하는 여러 문제들 가운데 어떤 것들은 노력을 통해 해결할 수 있지만, 어떤 문제들은 다른 사람과 호흡을 맞추어야 비로소 해결이 가능하다.
도저히 해결할 방법이 없는 문제도 있다. 예를 들어, 이상을 실현하는 과정에서 여러 사람이 당신으로 인해 불이익을 받게 되는 경우도 있고, 당신의 이상과 사회의 요구 사이에 타협할 수 없는 모순이 생기는 경우도 있다. 이런 때 현명한 선택을 내리지 않고 무턱대고 밀고 나간다면, 곤란한 처지에 빠지게 된다.
세상 경험이 많지 않은 사람들이 자주 이런 문제에 부딪히는 것은 사회에 대한 전반적이고 상세한 이해가 없기 때문이다. 그래서 잘못된 선택을 하는 것이다. 이런 경우에는 단호하게 포기하는 쪽을 선택해야 한다.
포기는 끝을 의미하는 것이 아니다. 그것은 새로운 시작을 뜻한다.
좀 더 경험을 쌓은 다음 스스로의 인식이 더욱 폭넓고 확실한 것이 된 다음에 세운 이상과 목표야말로 진정으로 실제적이어서 실행 가능한 것이 된다.
의지, 끈기란 단순히 무언가를 밀고 나가는 것을 뜻하지 않는다.

그것은 방향에 대한 고민과 방식에 대한 선택을 포함한다. 우리는 누구나 정확한 방향 위에 있어야 효과적인 조치를 취할 수 있다. 그래야 비로소 성공을 얻을 수 있다.

Law 4

두리오Durrio의 법칙

― 매순간 지속되는 열정 ―

미국의 자연과학자이자 작가인 두리오가 만든 '두리오의 법칙'에 따르면 부정적인 마음은 사람을 의기소침하게 만들고, 마음의 상태를 좋지 못하게 만든다. 또한 주변의 모든 것을 나쁜 상태에 놓이게 하며 그의 세계를 생기 없는 곳으로 만든다.

마음이 성공의 열쇠다

두리오의 법칙은 마음의 문제에 대해 설명한다.

"세상에 아름다운 것이 드문 게 아니라, 그것을 볼 수 있는 눈이 드문 것이다"라는 말이 있다. 아름다움을 발견할 수 있는 눈이란, 일종의 열정과 고양된 내적인 심리 상태를 반영한다. 그리고 사람들은 이런 마음 상태를 긍정적인 마음이라고 말한다.

어떤 마음을 가지고 있는지가 사물과 자기 자신에게 미치는 영향은 실로 엄청나다. 긍정적인 마음을 가지고 있으면 주변의 아름다움을 볼 수 있다. 그러나 마음이 비관적인 상태라면 아름다움을 발견하기는커녕, 고통만 느껴질 것이다.

셀마는 한때 남편과 함께 사막에서 살았다. 남편은 군인이어서 그녀 곁에 항상 있을 수 없었다. 열악한 환경에 처한 셀마의 마음은 불만으로 가득했다. 그녀는 아버지에게 편지를 한 장 썼다. 사막에서의 생활을 접고 집으로 돌아가고 싶었기 때문이다. 하지만 아버지의 답장은 셀마의 삶을 바꿔 놓는다. 아버지의 편지에는 이런 말이 적혀 있었다.

"감옥에 갇힌 두 사람이 있었다. 한 사람은 창문을 통해 땅바닥의 진흙탕을 보았고, 다른 한 사람은 하늘의 별을 봤다."

셀마는 아버지의 편지를 읽고 사막에 남기로 결정한다.

마음을 바꾸자 사막의 아름다움이 눈에 들어오기 시작했다. 그녀는 원주민과 친구가 되어 그릇을 빚고, 옷감 짜는 법을 배웠다. 원주민들은 아까워서 여행객들에게는 팔지도 않는 물건들을 셀마에게 선물로 주었다.

주변 환경은 개인의 발전에 엄청난 영향을 미친다. 새로운 관점에서 고난을 바라보면 새로운 마음가짐이 생긴다. 새로운 마음으로 곤경을 마주하면, 전과는 완전히 딴판인 결과를 만나게 된다. 적극적인 마음으로 곤경을 마주하면 자연스럽게 그 고난의 주인이 된다. 곤경에서 빠져나오는 것 또한 간단하고 당연한 일이 된다. 반대로 소극적인 마음으로 곤경을 마주하면 그 고난에 지배당하게 된다.

마음이 고난에 지게 되면, 행동 역시 소극적이고 무의미하게 변한다. 그리고 이는 결국 실패로 이어진다.

10년 동안 어렵게 공부를 해 온 한 학생이 북경에 과거 시험을 보러 올라갔다. 그는 그 길로 버슬에 올라 자신의 운명을 바꾸고자 했다. 수많은 고난 끝에 북경에 도착한 날 밤 그는 세 개의 꿈을 연달아 꾸게 된다. 첫 번째 꿈은 벽에서 배추 한 포기가 자라는 꿈이었다. 두 번째 꿈은 비가 내리는 대낮에 자신은 도롱이를 입고 삿갓을 쓰고 있었다. 우산까지 들고서 말이다. 세 번째 꿈은 더욱 터무니없는 것이었다. 자신과 사촌 여동생이 발가벗은 채로 등을 대고 누워 있었다.

그 다음 날 이 학생은 점쟁이를 찾아갔다. 이 세 개의 꿈데 대한 해몽을 듣기 위해서였다. 점쟁이는 이렇게 말했다.

"자네는 이번 시험에 반드시 실패하게 되네. 왜냐하면 벽에서 자란 배추는 어떤 근본도 기초도 없다는 뜻이고, 비 오는 날 갓과 도롱이, 우산을 쓰고 있는 것은 이번 시험이 아무짝에도 쓸모없는 일이 될 것임을 예시한 것이라네. 마지막에 사촌 여동생과 벌거벗고 누워 있는 꿈은 이번 시험에서 어떤 결과도 얻지 못할 것임을 무엇보다 분명히 예언하고 있네. 이 모든 게 결국 이번 시험에서 분명히 실패할 것이라는 뜻이 아니겠는가?"

이 학생은 점쟁이의 말을 듣고는 그만 순식간에 시험에 대한 자신감을 잃어버렸다. 그래서 그는 맥이 탁 풀린 채 짐을 챙겨서 집으로 돌아갈 준비를 했다. 식당에 가서 밥을 먹는데 마침 식당 주인이 그의 상심한 얼굴을 보고는 무슨 일이 생겼는지 물었다. 그리고 그가 꿈 해몽을 들으러 점쟁이에게 갔었다는 사실을 알게 되었다. 식당 주인이 말했다.

"벽에서 배추가 자라는 건 합격을 예시하는 게 아닌가? 비 오는 날 도롱이와 삿갓, 우산까지 들고 있는 건 유비무환을 뜻하는 것이고. 마지막으로 사촌동생과 벗은 채로 누워 있었다는 꿈도 자네가 몸을 일으켜 새롭게 될 날이 머지않았다는 뜻이라네."

식당 주인의 해몽을 들은 학생의 마음은 순식간에 자신감으로 충만하게 되었다. 이튿날 그는 시간에 맞춰 시험을 보러 갔다. 그리고 그렇게 고대하던 시험에 합격해 순조롭게 벼슬길에 오르게 되었다.

이 이야기가 분명히 보여주는 사실은 서로 다른 마음가짐이 각기 다른 영향을 미쳐 결국 그 결과까지 완전히 바꿀 수 있다는 것이다. 만약 그 학생이 점쟁이의 말을 믿었다면 크게 낙담하고 마음이 위축되어, 시험을 보지도 않은 채 집으로 돌아갔을 가능성이 크다. 그러나 식당 주인의 꿈 풀이를 듣고 그는 굳은 자신감을 가지게 되었다. 그는 결국 자신의 꿈을 이룰 수 있었다.

우리 삶 곳곳에는 시련과 고난이 가득하다. 이런 요인들은 우리의 발전에 영향을 미친다. 확고한 마음을 가지고 긍정적으로 상황을 마주해야 비로소 이런 시련과 고난을 이겨낼 수 있다. 이 과정에서 성패를 가르는 주요한 요인은 긍정적인 마음을 가지고 있느냐 아니냐 하는 것이다.

부정적인 마음은 부정적인 행동을 낳는다

사람은 누구나 성공에 대한 절박한 욕망을 가지고 있다. 그러나 욕망하는 것과 그것을 실현하는 것 사이에는 거리가 있다. 누구든지 성공을 이루는 과정에서 문제와 좌절은 절대 피해갈 수 없는 법이다. 많은 사람들이 성공하지 못하는 이유는 고난과 좌절에 부딪혔을 때 포기하는 쪽을 선택했기 때문이다. 대다수의 사람들이 포기하는 쪽을 선택하는 데는 두 가지 측면이 있다. 하나는, 고난과 좌절 앞에서 앞에 놓인 현실적인 문제들을 '해결할 수 없는 이유'를 찾아내는 것이다. 그러나 이 '해결 불가능한 상황'이라는 것 또한 스스로 만들어낸 불합리한 억측에 불과한 것이다. 또 다른 측면은 마음이 고난과 좌절에 지는 바람에 현실을 직시할 방법이 없어지는 것이다.

부정적인 마음이 미치는 영향에도 두 가지 측면이 있다.
먼저, 현실적인 각도에서 생각해 보자.
부정적인 마음 상태는 바꿔 말하면 고난과 좌절을 부정확하게 인식하는 태도라고 할 수 있다. 부정적인 마음이 영향을 미치게 되면 고난과 좌절은 어떤 노력을 해도 좋은 결과를 낳을 수 없을 것 같은 장애 요소로 인식된다. 그렇기 때문에 고난과 좌절을 만났을 때 버틸 힘을 잃게 만들어 결국 실패로 이끄는 것이다.
소극적이고 부정적인 마음은 도피나 포기를 습관화시킨다. 끊임없는 자기 소모와 자기 부정 속에서 좌절과 고난을 받아들이고 감당할 능력이 억압되는 것이다. 그 결과 문제에 부딪치면 일단 도망치는 길을 생각하게 되고, 적극적으로 직면해 타당한 방법으로 문제를 해결할 방법을 찾으려 하지 않게 된다. 문제 해결 능력은 계속해서 도망치고 포기하는 가운데 조금씩 약해진다. 자기 발전 역시 이에 따라 영향을 받게 된다.

성공을 이루는 과정에서 모든 것이 통제 가능한 범위 안에 있다면, 고난과 좌절은 없을 것이다. 결국 고난과 좌절에 맞서 싸워 이길 수 있는가의 여부는 문제를 명확하게 직시하고 그것을 해결할 현실적인 기반을 만들어 낼 수 있는지, 그래서 최종적으로 문제를 해결해 나갈 수 있는지에 달려 있다.

과거에 고난과 좌절을 해결할 때 겪은 고통의 기억은 고난과 좌절을 잘못 인식하게 만들기 쉽다. 그래서 도망치거나 위험을 피하는 선택을 하도록 이끄는 것이다. 이런 태도는 자신의 현실적인 조건과, 그것을 해결할 수 있는 자신의 능력 사이의 관계를 정확하게 측정할 수 없게 한다. 그래서 자신이 문제를 해결할 수 없다고 생각하게 되는 것이다.

이번에는 흡인력의 관점에서 생각해 보자.

마음이 부정적인 상태일 때는 그가 끌어들이는 대상 역시 부정적이며 충분히 부정적인 영향을 미칠 수 있는 것들이다.

"생각하는 것은 현실이 된다."

당신이 어떤 생각을 가지고, 그 생각을 계속해서 마음에 품는다면 당신이 생각하는 것은 결국 현실이 되는 것이다.

부정적인 마음이 가져오는 생각은 그 역시도 부정적인 것이다. 곤경을 만났을 때 우리의 마음이 부정적이라면, 스스로 곤경에서 벗어날 수 있는 방법은 없다고 생각할 것이다. 그래서 정말로 그 곤경에서 벗어날 길이 없어지는 것이다. 부정적인 관점과 생각은 삶 속에서 현실로 변한다. 모든 부정적인 것들을 끌어들여 삶 자체를 부정적인 환경에 묶어 두기 때문이다. 결국 주변의 모든 것이 부정적인 것들로 변해간다. 이런 부정적인 분위기는 소극적인 태도를 더욱 강화시킨다. 그래서 좌절을 극복하고 곤경에서 벗어나게 하는 능력에 강력한 악영향을 미치는 것이다.

두간杜根의 법칙

— 자신감이 성공과 실패를 결정한다 —

강자가 반드시 승리하는 것은 아니다. 그러나 자신감이 있는 사람은 언젠가 꼭 성공한다. 두간의 법칙은 자신감이 우리의 발전과 성공에 중요한 영향을 미친다는 점을 강조한다.

왜 대부분의 사람들은 성공하지 못할까?

아무개라는 사람이 있다. 그는 출장을 갈 때마다 기차를 이용했다. 언제나 빠듯한 일정 속에서 움직이기 때문에 보통 그는 좌석표를 구할 수 없었다. 그런데도 그는 매번 빈자리를 찾아내 짐을 풀고 앉아서 가는 것이다.

어떻게 그럴 수 있을까? 사실은 아주 간단하다.

그는 열차에 오르기 전 항상 빈자리를 찾을 수 있을 거라고 분명히 믿었다. 이런 자신감은 그로 하여금 빈자리를 찾아 맨 첫 번째 칸에서부터 마지막 칸까지 계속 걸어가게 만들었다. 자리가 없으면 반대편 끝으로 다시 돌아올 준비까지 되어 있었다. 그리하여 대부분의 경우 마지막 칸까지 가기 전에 빈자리를 찾아내게 되는 것이다.

그러나 대부분의 사람들은 첫 번째 칸이 사람들로 가득 찬 것을 보는 순간, 비어 있는 자리를 찾을 수 있다는 믿음을 잃어버린다. 첫 칸이 가득 찬 이상, 뒤의 칸들 역시 가득 차 있을 것이라고 생각하는 것이다.

실제로 기차 한 칸이 사람들로 가득 차 있고 심지어 열차의 통로에까지 사람들이 앉아 있는데 막상 찾아보면 어떤 칸에는 빈자리가 있는 경우가 종종 있다. 사실 꽤 많은 자리가 남아 있는 것이다.

'빈자리 찾기'를 성공을 위한 행동으로 대치해 보자. 사람이 최종적인 성공을 할 수 있게 만드는 요건에는 두 가지가 있다.

먼저, '빈자리를 찾는 것'에 선천적으로 강점을 가지고 있는 경우다.

예를 들어 시간이 충분하거나 여행 일정을 잘 짜둔 덕분에 미리 좌석표를 구입할 수 있는 것이다. 우리는 이런 종류의 사람을 특수한 능력을 가진 강자로 친다.

한편, 여러 가지 이유로 좌석표를 사지 못했지만 '빈자리 찾기'에 성공할 수 있다는 자신감과 이런 신념을 굳게 지킬 수 있는 사람이 있다. 끊임없이 열차의 칸들을 훑고 다니면서, 결국에는 빈자리를 찾아내고 성공을 실현시키는 것이다. 성공할 수 있다고 생각하는 자신감은 엄청난 동력이 되는 셈이다.

강자는 종종 자신의 능력을 끝없이 확장시켜 성공을 이룬다.
그러나 자신감이 있는 사람은 자신의 성공을 일종의 필연적인 사건으로 여기고, 끊임없는 노력을 통해 성공을 실현시킨다.

웬디스Wendy's의 대표는 처음에는 아주 작은 음식점의 점주였다.

그는 어릴 때부터 햄버거를 아주 좋아했다. 중년의 나이에는 자기 자신의 패스트푸드 가게를 열기도 했다. 그 가게는 아주 조그마했지만 토마스는 자신의 목표를 분명히 세웠다. 그는 자신의 가게가 맥도날드와 어깨를 나란히 하는 패스트푸드 업계의 대표 주자가 될 것이라 확신했다. 결국 그가 세운 웬디스는 치열한 경쟁 속에서도, 미국에서 세 번째 가는 패스트푸드 체인이 되었다. 비록 웬디스가 아직 맥도날드를 뛰어넘지는 못했지만, 그 믿음만 있으면 언젠가 자신의 꿈을 이룰 수 있을 것이다.

성공을 필연이라 생각하는 순간 반드시 성공한다

우리는 저마다 다른 방식으로 자신감을 설명한다. 나는 자신감을 일종의 행동이라고 정의내리는 것이 타당하다고 생각한다. 자신이 있는 사람은 성공하기 위한 행동을 실천에 옮긴다. 자신감과 자만의 확실한 차이는 여기에 있다. 자신감은 지속적이고 실천 가능한 '행동'으로 이어지지만, 자만은 그저 자신을 치켜세울 뿐이다. 어마어마하게 높은 목표를 세워 놓고도 행동이 그 목표에 부합하는 쪽으로 변하지 않는다면, 그는 그저 거만한 사람에 지나지 않을 것이다. 자신감이 있는 사람과 자만하는 사람 모두 자신이 성공할 것이라고 긍정적으로 생각할 수 있다. 하지만 자만하는 사람은 성공에 대한 확신을 겉으로 드러낼 뿐, 행동에는 어떤 변화도 없다.

자신감이 있는 사람은 끈기가 있는 사람이다. 자신감이 있는 사람은 자신에 대한 의식 가운데 성공의 존재를 인정한다.

어떤 각도에서 생각을 해 보더라도, 반드시 성공할 거라고 긍정적으로 생각해야 최종적으로 성공을 실현시킬 수 있다. 스스로 성공할 방법이 없다고 생각하는 사람은 영원히 성공할 수 없다.

물론, 성공에 대한 자신감은 그 자체로 아주 훌륭한 자질이다. 하지만 끈기 있게 행동으로 옮기는 것이야말로 그 중에서도 가장 중요한 품성 가운데 하나이다.

성공에 대한 의심 없는 믿음은 지속적으로 발전하는 과정을 뜻한다. 이 과정을 지속하고 그것을 행동으로 옮기는 것만이 성공을 실현시키는 길이다.

이는 열차 안에서 빈자리를 찾는 일로 비유할 수 있다.

처음에 빈자리를 찾을 수 있다는 자신감을 가지고 자리를 찾기 시작해도 조금 찾아봐서 성과가 없으면 의심이 생긴다. 의심이 적극적인 행동을 계속하는 것에 영향을 미치게 되면 빈자리 찾기를 그만두게 되는 것이다. 그러면 설사 빈자리가 있다 하더라도 결코 찾아내지 못할 것이다.

끈기 있게 계속하는 것은 성공을 위한 중요한 요인 가운데 하나이다. 사람은 멈추지 않는 행동을 통해서만 성공의 존재를 확신할 수 있고 결국 성공하게 되는 것이다.

자신감에 찬 사람은 동시에 객관적이고 명석한 사람이다. 스스로에 대한 객관적이고 합리적인 평가, 자신이 처한 상황에 근거하여 객관적이고 현명한 결론을 내리는 것이다.

이는 한 단계에서 다음 단계로 나아가는 길이며 자신의 능력, 현실적인 조건과 최종적인 성공을 효과적으로 연결하는 길이다. 자신과 성공을 객관적으로 바라보면 자기 존재의 결함과 개선이 필요한 현실적인 조건들을 발견하게 한다. 이것은 의식에 대한 판단의 촉진과도 이어진다.

자기 자신과 성공에 대해 객관적인 평가를 내려야만 비로소 성공을 가로막는 장애를 효과적으로 찾아낼 수 있다. 그리고 문제를 해결하기 위한 끝없는 노력을 통해, 최종적으로 성공을 실현시키는 조건을 스스로 만들어내는 것이다.

성공하지 못하는 사람의 대부분은 성공에 대한 환상을 가질 뿐 그것을 확신하고 긍정하지는 않는다. 이런 환상의 특징은 자신감과는 완전히 다른 것이다.

성공에 대해 환상을 가지고 있는 사람은 자신과 성공에 대해 어떤 객관적인 평가도 하지 못한다. 그래서 자신에게 부족한 것이 무엇인지 발견하지 못하는 것이다. 따라서 그것을 효과적으로 바꿀 방법도 없는 것이다.

또한 성공에 대해 환상을 품고 있는 사람은 끈기 있는 노력을 하지 않으며, 고난과 좌절을 만나면 결국 포기하는 길을 택한다.

계속해서 노력을 하고 있다면, 당신은 아직 성공으로 가는 길 위에 있는 것이다. 당신과 성공 사이의 거리는 계속해서 줄어들고 있다. 그러나 포기하면 당신과 성공 사이에는 아무런 관계도 없게 된다. 그게 바로 실패다.

자신감은 지속적인 행동을 긍정하는 것이다. 지속하는 행동에 대한 긍정을 잃어버리면, 자신감은 자만이나 환상으로 변해 버린다. 성공 역시 불가능한 것으로 변해 버린다.

'자기 긍정'은 자신감을 키우는 유일한 방법이다

"나는 할 수 있다."

"나는 성공할 것이다."

"성공이란 이런 것이지."

우리는 이런 말을 통해 분명한 자신감을 느낄 수 있다. 긍정은 자신감을 드러내는 유일한 방식이다. 의심하기 시작하면 이미 자신감의 궤도에서 멀어지는 것이다.

"내가 할 수 있을까?"

"내가 성공할 수 있을까?"

"성공이 대체 뭐지?"

이런 식으로 자기 자신과 성공에 대해 의문을 가지기 시작하는 순간 성공으로부터도 멀어지는 것이다.

자신감의 표현이란 물론 말로 하는 긍정만을 뜻하지 않는다. 입으로만 성공을 긍정하는 것은 자만이나 환상과 다를 게 없다. 긍정은 자신감을 기르는 중요한 열쇠이다.

하지만 긍정의 내용은 다음의 몇 가지를 포함하고 있어야 한다.

1. 성공의 가치를 긍정하라.

모든 사람이 성공을 반길 거라고 생각할 수 있다. 하지만 사실 그렇지가 않다. 성공에 대한 사람들의 생각은 저마다 다를 뿐만 아니라 목표 또한 완전히 다르다. 서로 다른 목표를 실현하고자 하기 때문에 객관적인 성공의 모습 역시 다르다.

구체적인 목표를 세우는 것은 모호하고 광범위한 목표를 갖는 것보다 훨씬 가치 있는 일이다. 성공의 내용에 대한 객관적인 이해가 있어야 자신의 능력과 현실적인 조건 사이의 거리를 더 효과적으로 발견할 수 있다. 모호하고 광범위한 성공은 이야기할 가치도 없다. 그것은 당신이 발전해 나가는 과정에서 방향을 잃게 만들 뿐 아니라, 방향과 함께 자신감까지 잃게 만든다. 당신이 실패한 이유가 노력의 방향이 잘못되어서일 때, 당신의 자신감은 아주 쉽게 영향을 받고 사라져 버리기 십상이다.

2. 자신의 능력과 가치를 긍정하라.

어째서 나는 성공할 수 없을까?

스스로 능력이 없다고 생각하는 순간 당신의 가치는 자기 인식 속에서 의심을 받게 된다. 이런 의심은 외부에서 오는 것일까? 물론 그렇지 않다. 만일 외부에서 이런 의문이 생겼다 해도 그것은 자신 있는 사람이 스스로에 대해 가지고 있는 긍정적 인식을 손상시키지는 못한다. 자기 긍정에 대한 자기 자신의 인식은 주변 환경의 영향을 받기 마련이다. 그러나 그 영향은 결코 절대적인 것은 아니다. 자기 인식에 대한 적극적인 조절 및 외부 환경과 내적인 의식의 상호 작용을 통해 최대한도까지 자신의 가치에 대한 긍정적인 인식을 강화할 수 있다.

그러나 자신의 능력과 가치에 대한 긍정은 객관적인 평가 기준을 바탕으로 한 것이어야 한다. 자신의 능력과 가치에 대한 객관적인 평가가 있어야만, 진정으로 자신의 부족한 부분을 발견할 수 있다. 그리고 그 부족한 부분을 채워 넣어 비로소 성공을 실현시키게 되는 것이다.

3. 행동의 가치를 긍정하라.

자신과 성공을 긍정함으로써 당신은 자신과 성공 사이의 거리를 발견하게 된다. 어떤 행동으로 이를 좁혀나갈 수 있을 것인가? 어떤 능력이 발전과 강화를 가져올 것인가? 이런 문제들은 자신과 성공을 긍정하는 과정에서 점차 분명해진다.

그런데 자기 자신과 성공을 긍정하면 성공은 필연적으로 이루어지는 걸까? 물론 그건 아니다. 어떻게 나아갈 것인가, 어떤 방향으로 갈 것인가는 여전히 중요하다.

그러나 가장 중요한 것은 멈추거나 포기하지 않고 계속 나아가는 것이다. 계속 나아가야만 정확한 방향으로 가게 될 것이다. 그러면 성공으로 가까이 가는 가장 적합한 방법을 찾을 수 있다. 이것이 행동의 가치를 긍정해야 하는 이유이다. 행동의 가치는 쉬지 않고 그 일을 계속 하는 것이다. 언제든 무엇 때문이든 정체되어 앞으로 나아가지 못하는 것은 당신의 행동이 그 존재 가치를 잃어버리게 만들고, 결과적으로 성공을 실현하는 일에 영향을 미친다.

이것은 의지와 마음에 대한 일종의 시험이다. 긍정적인 마음가짐은 효과적으로 그 의지를 지킬 수 있다. 하지만 굳건한 의지는 동시에 긍정적인 마음을 불러일으키는 중요한 요인이 된다.

성공을 이루고자 하는 사람이라면 굳은 의지와 긍정적 마음가짐은 없어서는 안 될 중요한 요소이다.

청개구리 법칙

— 좌절은 기본, 순조롭다는 게 뜻밖의 사건 —

만약 끓고 있는 물에 청개구리를 던져 넣는다면 그 개구리는 곧바로 물 밖으로 뛰어 나올 것이다. 그러나 물이 가득 찬 그릇에 개구리를 넣어 두고 서서히 그 그릇에 열을 가하면, 가령 물의 온도를 이틀마다 1도씩 올린다고 한다면, 이런 상황에서는 물의 온도가 40도에 다다른다 해도 청개구리는 그릇 밖으로 뛰쳐나오지 않는다. 결국 끓는 물 안에서 몸이 익어 죽는 것이다.

당신의 도전 의식을 약하게 만드는 것은 무엇인가?

계속해서 모든 일이 잘 풀리는 환경에 있다면, 그는 청개구리처럼 될 가능성이 높다. 물의 온도가 조금씩 뜨거워지기 때문에 그 상황에 적응하는 것이다. 우리는 청개구리 실험을 통해 결국 청개구리를 죽게 만든 것은 두 가지 원인으로 귀결된다는 것을 알 수 있다.

첫째, 외부 환경의 변화에 자신도 모르게 적응했다.
그릇에 담긴 물의 온도는 이틀에 1도씩 올라간다. 물의 온도가 높아지는 과정이 아주 천천히 진행되기 때문에 자신도 모르게 서서히 익숙해지는 것이다. 이 기간 동안 일어난 변화는 느끼기 어렵다. 청개구리는 서서히 높아지는 물의 온도에 적응을 한 것이다. 만약 청개구리를 곧바로 끓는 물에 집어넣었다면 그는 분명 한 치의 망설임도 없이 뛰쳐나왔을 것이다.

둘째, 따뜻한 온도가 청개구리의 정확한 판단을 흐리게 했다.
처음에 청개구리는 물의 온도에 대해 아주 정확한 판단 능력을 가지고 있었다. 하지만 물의 온도를 서서히 높여가는 과정에서 수온은 상대적으로 따뜻하게 바뀌어 갔다. 청개구리는 자신이 있는 곳이 비교적 편안한 곳이라고 느꼈다. 이렇게 따뜻하고 편안한 환경은 청개구리가 차츰 뜨거운 물에 대한 판단을 할 수 없게 만들었다. 물의 온도가 견딜 수 없을 정도로 높아졌을 때 청개구리는 이미 뛰어오를 능력을 잃어버린 뒤였다. 물에서 뛰쳐나오려고 발버둥을 쳐도 때는 이미 늦었다. 익숙해진 환경으로부터 벗어나는 힘을 잃어버렸기 때문이다.

이 이야기를 우리의 삶에 비춰 보면, 아주 많은 사람들이 처한 상황이 더운 물에 들어가 있는 청개구리의 상태와 흡사하다는 사실을 알 수 있다.

당신의 일은 아주 안정적이지 않은가? 당신이 하고 있는 일이 무미건조하고 단조롭다는 생각이 들지 않는가? 아니면 당신은 이미 이런 상황에 완전히 익숙해져서 위로 올라가고 싶은 마음이 전혀 안 드는 게 아닌가?

당신은 여전히 사교의 문제에 속수무책인가? 이미 외로운 상태로 지내는 것에 악숙해져 버려서 사람들과 함께 있는 게 몹시 피곤하게 느껴져도 거기에 저항할 힘이 없는 것인가? 당신은 서서히 온도가 높아지는 물에서 삶아지는 것을 느끼고 있는 것은 아닌가?

이런 문제들에 앞서, 우리는 또 하나의 중요한 문제를 발견할 수 있다. 그것은 우리가 자각하고 있는 상태가 때때로 잘못되고 현실과 맞지 않는 관점을 형성하도록 이끈다는 사실이다.

오랜 시간 어떤 일을 하고 있을 때는 미세한 변동은 당신의 주의를 끌지 못한다. 당신은 스스로 그 정도는 받아들일 만 하고 익숙해질 수 있는 것이라고 여긴다. 그 결과 자의식은 당신의 저항 능력을 끊임없이 떨어뜨린다. 당신은 차츰 더 약해져서 단 한 번의 충격에도 쉽게 무너지게 된다.

'살아 있는 물'이 '죽은 물'이 되는 것을 피할 수 없다.

청개구리의 법칙은 좌절이야말로 정상적인 상태이며, 순조로운 상태는 뜻하지 않은 의외의 상황이라는 새로운 관점을 제시해 준다.

일이 잘 풀려 나가는 것을 경계하고, 위기의식을 강화하라

좌절을 일반적인 상황이라고 여긴다면, 좌절 또한 다른 일처럼 쉽게 해결할 수 있고 반드시 해결해야 하는 일이 된다. 어느새 좌절을 이겨내는 능력이 길러지는 것이다. 뿐만 아니라 좌절을 일반적인 상태로 받아들이게 되면 그것을 기꺼이 마주해서 이겨 낼 용기를 갖추게 된다. 이는 좌절을 대하고 문제를 해결하는 데 있어 가장 중요한 점이다.

좌절을 일상적인 상태로 받아들이게 되면, 그것은 더 이상 어떤 위협도 되지 못한다. 당신은 전력을 다해 좌절을 극복해 내려고 하게 되며, 그것을 피하거나 손 놓고 앉아 그저 잘 풀려나가기만 바라게 되지 않는다.

우리가 발전하는 과정에서 주의해야 할 점이 몇 가지 있다.

첫째, 위기 의식

사람들은 보통 문제를 만나면, 그 문제가 어떤 거대한 영향력을 발휘하기 전까지는 그 문제를 해결하는 데 충분한 에너지를 쏟지 않는다. 그래서 문제가 계속해서 누적되고 결국 자신의 통제 범위를 넘어서는 때가 온다.

위기의식이란 발전 과정에서 마땅히 지니고 있어야 할 태도이다. 위기의식을 갖춘 사람은 언제나 문제의 존재를 의식한다. 뿐만 아니라 그 문제를 해결하기 위해 최선을 다한다.

문제를 해결하는 과정은 한 사람의 능력을 무한대로 끌어올려 준다. 당신의 주변이 문제와 위기들로 가득 차 있음을 느낀다면 반드시 그 문제와 위기들을 해결하기 위해 노력해야 한다. 순조

로움에 빠져 살고, 정체되어 앞으로 나아가지 못한다면 결국에
는 실패할 뿐이다.

둘째, 문제를 발견할 것

일이 술술 잘 풀리는 상황에 있으면 그 안에 잠재되어 있는 문
제를 발견하지 못해 서서히 침몰하게 된다. 앞서 예로 든 이야기
에서 청개구리는 이제 막 물의 온도가 올라가기 시작할 때는 그
것이 치명적이라고 생각하지 못한다. 그래서 계속해서 편안한
상태에 빠져 지내고 결국에는 문제를 해결할 능력을 잃어버리게
된다. 문제가 없는 것이야말로 가장 큰 문제이다. 당신의 주변은
언제나 각종 문제와 위기들로 가득하다. 먼저 그것들을 찾아내
야 한다. 그래야 제대로 된 대응을 할 수 있다. 이것이 실패의 운
명으로부터 벗어나는 길이다.

셋째, 화근을 미리 없앨 것

큰 문제를 해결하는 과정에서 쩔쩔매게 되는 것은 어째서일까.
그것은 분명 큰 문제가 아직 사소한 문제일 때 그것이 주목할
만한 것이 되지 못한다고 생각했기 때문이다. 중요한 것은 작은
문제를 해결할 능력이 없다면, 당연히 큰 문제를 해결할 능력도
갖출 수 없다는 점이다.

능력의 성장은 낮은 곳에서 높은 곳으로 올라가는 과정을 거쳐
야 한다. 그렇기 때문에 작은 문제는 작은 문제 나름의 가치기

있다. 그것이 곧 당신의 발전을 실현하는 시작점이 되기 때문이다. 주변의 사소하고 작은 일로부터 시작해서 조금씩 문제 해결 능력을 길러야 한다. 그래야만 발전을 이룰 수 있게 된다.

'계속해서 실패해도 도전'해야만 비로소
'도전하는 일마다 실패'에서 벗어날 수 있다

'연패연전連敗連戰(연이은 실패에도 계속 도전)'은 온갖 고난을 다 겪어 낸 중국 역사의 인물 증국번과 관련 있는 말이다. 증국번이 거느린 상군이 태평천국과의 전투에서 연전연패連戰連敗를 했다. 사기는 크게 떨어지고, 군사들은 거의 전투력을 상실했다. 증국번은 이런 전투 상황을 글로 써서 조정에 보고를 올려야 했다. 그런데 그만 한 부하가 '연전연패'를 '연패연전'이라고 바꿔 적은 것이었다. 그저 글자의 순서를 바꿨을 뿐이지만 의미는 전혀 달랐다. 이 사소한 일로 증국번은 큰 깨달음을 얻었다. '연패연전連敗連戰(연이은 실패에도 계속 도전)'은 좌절할수록 더욱 용감해지는, 굴하지 않는 정신을 나타내는 말이다.

이 깨달음의 결과 증국번은 전투를 승리로 이끌어 중책을 맡았고, 후세 사람들에게 개성적이고 낭만적인 사람으로 각인되었다.

우리는 이 사례를 통해 발전을 이루는 과정에서 좌절은 피할 수 없다는 사실을 알 수 있다. 실패와 좌절에 대해 분명한 태도를 가지고 적극적으로 대처하며 도망치지 말아야 한다.

이것은 금을 단련하는 과정과 비슷하다. 금은 연단을 거친 뒤에야 반짝이는 빛을 낼 수 있다.

좌절을 이겨내고자 한다면 다음의 몇 가지 방법을 시도해 보자.

첫째, 좌절을 인정하고 받아들인다.

좌절을 이겨내고 싶다면, 먼저 좌절 그 자체를 당연한 것으로 여겨야 한다. 위험을 인식하되 침착하고 냉정한 태도를 유지해야 한다.

좌절을 받아들이면 그것을 이겨내는 능력이 조금씩 커지게 되고 결국엔 그 좌절을 이길 수 있게 된다. 수많은 성공인사들이 강연에서 이렇게 말하는 것과 비슷하다.

"제가 겪은 좌절과 고난을 감사하게 생각합니다. 그것들이 저를 성장하게 했습니다."

둘째, 끝까지 계속해 나간다.

성공은 빨리 달릴 수 있느냐가 아니라 멀리까지 달릴 수 있느냐에 달려 있다. 속도만 추구하다 보면, 스스로 그것의 실효성에 대한 잘못된 인식에 빠질 수 있다.

당장 이룰 수 없다는 것이 마치 실현할 방법이 전혀 없는 것처럼 느껴진다. 이런 관념에 빠지게 되면 결국 도망치는 길을 선택하고, 좌절을 피하게 된다. 결국 능력을 배양할 좋은 기회를 잃어버리는 것이다.

포기하지 않고 끝까지 가는 것은 성공한 사람이라면 누구나 반드시 갖추고 있는 특성이다. 이것은 말로는 쉬워도 실천으로 옮기기는 정말 어렵다.

좌절이 우리의 인생에 막대한 영향을 미치고, 꿈을 망가뜨리는 것은 좌절 앞에서 어떤 일을 계속해 나가는 것 자체를 극복할 수 없는 일로 여기기 때문이다.

물방울은 바위도 뚫을 수 있다. 이는 수백 년이 걸리는 일이다. 수천, 수만 년이 걸릴지도 모른다.

좌절을 앞에 두고 당신은 이런 결심을 다질 수 있겠는가?

희망 효과

— 절망 속에서 희망 찾기 —

수많은 관찰과 심리 연구 결과 자신감 있고 낙관적인 사람들이 위험한 상황에서도 살아남는다는 사실이 밝혀졌다. 이런 현상을 심리학에서는 '희망 효과'라 부른다.

희망이 있어야 움직일 힘도 생긴다

희망 효과가 보여 주듯이, 우리는 위험한 상황에서도 희망을 놓지 않아야 문제를 해결할 방법을 찾아낼 수 있다.

희망 효과라는 법칙이 사람의 생사를 두고 부리는 말장난처럼 느껴질 수도 있다. 하지만 결코 그렇지 않다.

혹시 이런 이야기를 들어 보았는가?

시한부 말기 암 환자가 남은 시간을 좀 더 의미 있는 일에 쓰고 싶어서 온힘을 다해 자신이 원하던 일들을 하며 열심히 살았다. 그렇게 몇 년이 지난 후에 이 암 환자는 죽지 않았을 뿐 아니라, 오히려 더 건강해졌다. 병원을 찾아가 다시 검사를 해 보니 암은 이미 완치되었다는 것이었다.

이것은 무엇 때문일까?

답은 그가 삶에 대한 희망을 포기하지 않았다는 데에 있다. 계속 살아가고자 하는 희망이 만든 커다란 의지가 암과 싸워 나가는 과정에서 수명을 연장시킨 것이다.

희망은 고난과 좌절을 견디는 큰 버팀목이 된다.

성공한 사람은 필연적으로 성공에 대한 거대한 희망을 품고 있다. 희망은 그가 성공의 길을 걸어 나가면서 가시덤불을 헤치고 용감하게 앞으로 나아가도록 이끌어준다.

희망은 좋은 것을 대하는 긍정적인 태도이다. 동시에 희망은 일종의 행동 준칙이다. 사람의 행동과 일을 처리하는 방식, 태도 같은 것들 모두가 그가 성공에 대해 희망을 가지고 있는지 아닌지를 보여 준다. 긍정적인 마음으로 고난과 좌절을 마주할 줄 아는 사람은 반드시 성공에 대해 희망을 가지고 있다.

곤경을 낙관적으로 마주하자

인생은 과거의 삶, 현재의 삶 그리고 미래의 삶 이 세 가지로 구분된다.

지금까지 살아 온 날들을 돌이켜 보면 당신의 삶 전체를 관통하는 하나의 주제를 발견할 수 있을 것이다. 그것은 다름 아닌 미래가 오늘보다 좋을 것이라는 생각이다.

그렇지 않다면 의식적으로라도 이런 태도를 갖도록 해 보자. 먼저 과거의 삶 속에서 순조롭지 않았던 상황들을 떠올려 보고, 그 상황들이 가져 온 제약을 뛰어넘어 미래의 모습을 바꾸려는 시도를 시작해 보자.

이런 '생각의 변화'를 우리는 희망이라고 부른다.

과거의 삶은 누구에게나 어느 정도는 불만스러운 법이다. 그렇기 때문에 좀 더 나은 상태, 좀 더 편하고 조화로운 상태를 갖기 위해 노력해야 하는 것이다.

생각의 변화가 없다면, 과거의 삶의 방식이 그대로 현재 삶의 모습으로 이어질 것이다. 시련과 좌절을 겪게 되면 대다수의 사람들은 이전의 익숙한 삶에 정복되어, 생활 방식을 바꾸고 자신을 바꾸고자 하는 욕망을 잃어버리게 된다. 그래서 고난과 곤혹스러운 상황에서 벗어나지 못하는 것이다.

외적인 요인들에 휘둘리지 않는 긍정적인 태도를 지녀야 자기의식은 비로소 외부의 부정적인 요인들에 맞서 저항할 수 있다. 적극적인 태도는 인생에서 마주친 실패와 좌절을 견딜 수 있게 해 주고 앞으로의 삶을 바꾸기 위해 온힘을 다하게 한다. 이것이 바로 '희망이 가져오는 변화'다.

여기서 한 걸음 더 나아가 생각을 긍정적으로 유지할 수 있는 조건을 스스로 만들어 내게 되면 외부의 부정적인 요인들이 자아의식에 영향을 미치지 않게 된다. 미래의 삶에 대한 희망을 스스로 만들어내는 것이다.

이것이 바로 '조건을 바꿔 나가는 과정에서 만들어지는 희망'이다.

희망은 변화를 함축하고 있다

간단한 예를 하나 들어 보자.

묘목 한 그루를 심을 때 우리는 사계절의 변화를 거치는 과정에서 나무의 성장에 희망을 품는다. 이것은 생명의 성장에 대한 기대이다. 하지만 돌멩이에 대해서는 아무리 특별한 애정을 쏟는다고 해도 그 돌에 대해 어떤 희망을 품을 수는 없다. 설사 희망을 품었다 하더라도 시간이 지나면서 희망은 서서히 사그라들고, 돌멩이에 대해 품었던 '환상'도 사라져 갈 것이다.

우리가 한 그루 묘목에 희망을 가질 수 있는 것은 나무라는 생명체가 그 안에 성장과 변화를 품고 있기 때문이다.

변화에는 두 종류가 있다.

첫째, 자기 자신을 바꾸는 것이다.

태도를 바꾸고, 힘 닿는 한 현실적인 조건들을 바꾸고, 그 변화를 통해 '자신을 넘어뜨리는 가장 큰 적'을 바꾸는 것이다.

둘째, 외부의 요인을 바꾸는 것이다.

환경적인 조건을 바꾸거나 새롭게 만들어 냄으로써 의식적인 측면에서 희망에 대한 욕구를 만족시키는 것이다.

스스로에 대한 인식이 확고하다면 외부의 요인들에서 비롯된 한계를 그 안에 가둘 수 있다. 그럼으로써 자의식을 긍정적인 상태로 유지하는 것이다.

탈피 효과

― 계속해서 자신을 뛰어넘을 것 ―

우리는 누구나 자신의 생활 가운데 어떤 선을 그어두고 그 안에 들어 있을 때 안정감을 느낀다. 그러나 인간은 끊임없이 자신을 깨고 안전 영역에서 뛰쳐나와야 발전할 수 있다.

안전 구역 밖으로 나가자

사람은 사회생활을 하면서 단련과 축적을 거친 후에 만들어진 하나의 자아 모델 아래 발전 상태를 만들어 나간다. 이런 자아 모델은 오랜 시간에 걸쳐 만들어지며 거기에는 그 사람의 처세 방식, 태도 및 가치관이 담긴다.

우리는 자아 모델을 축으로 발전을 실현한다. 정상적인 발전은 모두 이와 같은 과정을 거친다.

또한 우리는 경험을 통해 지식을 총동원해서 자신의 발전을 위해 일정한 범위를 설정하는데, 이것이 바로 우리가 '안전 구역'이라고 부르는 것이다.

개인의 발전은 이 안전 범위 안에서 자신이 만들어 낸 모델과 순서에 따라 진행된다. 문제는 안전 범위란 스스로 만든 것이기 때문에 해로운 것은 피하고 유리한 것만 쫓게 되어 있다는 것이다. 다시 말해, 우리는 이 안전 구역을 통해 효과적으로 자신의 능력 밖에 있는 문제들을 피하게 된다. 이를 통해 자신의 발전을 더욱 순조롭게, 더욱 '안전'하게 만드는 것이다.

그러나 우리는 자신의 능력에 대한 객관적이지 않은 인식을 바탕으로 안전 범위가 만들어진다는 사실을 알아야 한다. 우리가 그어 놓은 안전 범위의 경계선이 사실은 자신의 발전에 한계를 설정한다는 사실 말이다.

문제와 좌절은 발전을 실현시키기 위한 필수적인 과제이다. 그런데 발전 과정에서 안전 구역을 설정하게 되면, 자신도 모르는 사이에 스스로의 발전에 장애물을 만드는 것이다.

사람이 발전한다는 것과 스스로 안전 구역을 설정한다는 것 사이에는 조화될 수 없는 모순이 있다. 개인이 발전을 이루고자 한다면 반드시 끝없는 문제와 좌절을 마주해야 한다.

안전 구역을 설정하는 것은 긍정적인 마음을 유지하는 데 직접적인 작용은 하지 않는다.

능력 밖의 일이라고 여겨지는 사건을 해결했을 때의 성취감은 자신이 해낼 수 있다고 생각한 일을 이루었을 때의 성취감을 훨씬 뛰어넘는다.

안전 구역을 설정하는 것은 발전에 방해가 될 뿐 아니라, 발전에 도움이 되는 긍정적인 마인드를 기르는 데에도 악영향을 미친다. 사람들은 흔히 편안한 상태에 머무르고자 한다. 특히 어떤 자리에까지 오르고 나면 발전은 더 이상 매력적이지 않게 되기도 한다.

모든 사람들이 발전하고 싶어 할까? 반드시 그런 것은 아니다. 실제로 발전을 해 보아야 비로소 발전한다는 게 뭔지를 느낄 수 있다. 그 전에는 그저 발전이 암시하는 방향성을 추측할 수 있을 뿐이다.

스스로 설정해 놓은 안전 범위 안에서는 발전을 체감할 수 없다. 발전에 대해 분명한 태도를 갖는 것도 불가능하다. 이것은 많은 사람들이 발전하기를 원하면서도 그것을 실현시키지 못하는 원인 가운데 하나이다.

자신의 그어 놓은 경계에서 벗어나야 고난과 좌절을 직면할 수 있고 그것을 이겨낼 전투력을 갖게 된다. 이것이 우리가 발전에 대해 마땅히 가져야 할 정확한 태도이다.

비현실적인 환상은 자신의 발전에 대해 한계를 긋게 만든다. 환상은 거짓되고 객관적이지 못한 자기 평가로부터 비롯된다. 이는 스스로 발전을 거부하게 만든다. 왜냐하면 발전이 스스로가 생각하는 자신의 능력을 완전히 넘어서는 것이기 때문이다.

사람은 평상시 자신의 모습과 문제 해결 능력을 근거로 스스로가 가진 능력을 판단한다. 이는 실제적인 근거를 가진 자기 판단이다. 하지만 이런 식의 판단은 스스로의 능력이 가진 가장 큰 특징을 소홀히 여기게 만든다. 그것은 바로 발전성이라는 것이다. 능력의 발전은 일정한 수준의 조건을 필요로 한다. 일단 조건이 맞춰지면 능력은 굉장히 빠른 속도로 발전한다.

문제는 부정적인 자기 인식이다. 그것은 사람을 소극적으로 만들고 전투력을 잃게 한다. 심지어 잠재적인 발전 가능성 자체를 강하게 부정하고 발전의 가능성을 원천적으로 제한한다. 이는 다음과 같은 메시지로 정리된다.

"당신이 무언가를 할 수 없다고 생각하는 순간 당신의 판단은 진실이 된다."

자기규정에서 벗어나 발전을 마주하자

앞서 말한 것을 통해 우리는 스스로에 대한 환상이나 부정적인 생각을 품지 않고 정확한 마음으로 발전을 마주해야 그것을 실현할 수 있다는 것을 알 수 있다.
그러므로 발전을 실현하는 첫걸음은 자기규정에서 벗어나는 데 있다.

"당신은 당신이 상상하는 만큼 엉망이 아니다."

자기규정에서 벗어나는 것은 사실 그렇게 어려운 일이 아니다. 자신이 그어 놓은 안전 구역 덕분에 우리는 수많은 좌절과 고난들을 피해 지나왔다. 자기규정에서 벗어나는 길은 바로 이런 고난과 좌절을 직면하는 것이다.

고난과 좌절을 직면하는 것은 자신이 설정한 한계를 무너뜨리는 첫걸음이 된다. 용기를 가지고 고난과 좌절을 마주해야 한다. 또한 그리고 곤경을 극복할 수 있는 자신의 강점을 찾아내야 한다. 고난과 좌절을 이겨내고 나면 그 성취감을 통해 긍정적으로 발전을 향해 다가가는 길이 보이게 된다. 이것이 이른바 발전의 무한성이라는 것이다.

물론 자기규정을 돌파하는 첫걸음은 또 다른 결과로 이어질 수도 있다. 노력을 했음에도 실패하는 경우이다. 이런 결과는 종종 자신의 능력에 대해 회의를 품게 만든다. 곧바로 스스로 정한 안전 구역으로 돌아가게 될 수도 있다.

한 번의 실패로 문제를 해결할 수는 없다. 여러 번의 똑같은 실패 또한 문제 해결에 도움이 되지 못한다. 실패를 야기한 원인이 서로 달라야만 실패는 존재할 가치가 있다. '연전연패'와 '연패연전' 사이에는 본질적인 차이가 있다. 둘 다 똑같이 실패로 끝난 일이지만 전자는 뒷걸음질 치는 후퇴를 뜻하는 반면 후자는 끊임없이 도전을 향해 나아가는 것을 의미하기 때문이다. 이것은 의지에 관한 문제이다. 굳은 의지를 통해 용기를 일깨우고 또다시 고난과 좌절을 마주하며, 아주 오랜 시간 동안 분투할 준비가 되어 있어야 비로소 최종적으로 문제를 해결하고 발전을 이룰 수 있다.

개인의 발전이 갖는 가치에는 두 가지가 있다.

하나는 발전이 성취감을 가져다준다는 것이다. 사회에서, 조직에서 받아들여지고 칭찬과 격려도 받게 된다.

그러나 좀 더 중요한 다른 하나가 있는데, 그것은 발전이 항상 순조롭게 이루어지지는 않는다는 사실이다.

발전의 과정이 언제나 힘과 열정적인 에너지를 주는 것은 아니다. 실패를 겪은 뒤에도 당신은 계속해서 노력을 지속해 나갈 수 있는가? 답을 하기 전에 먼저 실패는 긍정적인 의미를 지닌다는 사실을 알아야 한다. 실패는 동시에 자신이 가진 능력을 한층 끌어올릴 수 있다. 끊임없이 실패를 겪어야 계속해서 교훈을 얻을 수 있다. 그것을 통해 능력이 강화되고, 발전을 이루게 되는 것이다.

Law 9

존슨 Johnson 효과

― 지나치게 득실을 따지지 말 것 ―

존슨이라는 운동선수가 있다. 그는 평소의 훈련 중에는 사람들을
깜짝 놀라게 할 만한 성과를 낸다. 수준이 굉장히 높은 선수다. 하지
만 경기장에만 가면 그는 연달아 실패하고 스스로와 타인을 실망시
킨다.

사람들은 이처럼 평상시에는 뛰어난 실력을 가지고 있으면서 실전
에서는 지나치게 성공과 실패를 신경 써서 오히려 실패하게 되는
현상을 '존슨 효과'라고 부르게 되었다.

잃는 것과 얻는 것은 잠시 동안의 일일 뿐이다

무엇인가를 얻거나 잃는 것은 한 개인에게 직접적이고도 객관적인 영향을 미친다. 그것이 개인의 능력이나 성취의 단계를 드러내 보여 주기 때문이다.

이해득실을 중요하게 생각하는 사람이 지속적으로 성공하게 되면 자신이 무엇을 얻고 잃는지에 대한 관심이 끝없이 확대된다. 그러면 결과적으로 좌절과 고난을 이겨 내는 능력이 약해질 수밖에 없다. 득과 실을 따지는 마음이 판단에 영향을 미치게 되면 부정적인 결과에 대한 좌절감과 상실감이 무한히 커진다. 문제를 해결하는 데 집중할 수 없게 되기 때문이다. 나아가 자신에 대한 부정적인 인식이 커져서 발전을 제한하게 된다.

하지만 실패는 동시에 긍정적인 의의를 가진다. 더욱 분명하고 객관적으로 스스로를 평가할 수 있게 하기 때문이다. 자신이 바로 앞에 닥친 문제를 해결할 능력이 있는지를 판단할 수 있게 되는 것이다.

실패는 일종의 격려와도 같다. 스스로 능력을 강화해서 눈앞에 닥친 문제를 해결할 수 있게 해 준다.

또한 실패는 자신에게 어떤 문제가 있는지를 객관적으로 볼 수 있게 해 주기도 한다. 이는 발전의 가장 중요한 요소를 촉진시킨다. 아무런 문제 없이 순조롭게 발전만 해 나간다면 자신을 객관적으로 평가하고 문제의 근본 원인을 찾아낼 수 없게 된다. 실패를 겪어야 자신을 제대로 평가해서 곤경에 대해 객관적인 분석을 할 수 있고 문제의 원인을 찾아낼 수 있다. 이를 통해 결점을 채울 수 있게 되고 상황에 대한 통제력을 갖게 되는 것이다.

무엇인가를 얻거나 잃는 것은 필연적인 일이다. 그러므로 그것에 대해 크게 신경을 쓸 필요는 없다. 어떤 행동이든 반드시 득과 실을 가져오기 마련이다. 성공과 실패는 모두 기정사실이 된 눈앞의 상황에 어떤 실질적인 영향도 미치지 못한다.

발전을 위해서는 손해나 이익에서 자유로워져야 한다. 결과를 통해 교훈을 얻고 새롭게 다시 시작하는 것이 오래도록 발전을 이어가는 비결이다.

마돈나는 평생 동안 셀 수 없이 많은 상을 탔다. 사람들은 그렇게 크게 성공을 하고도 여전히 노력을 게을리 하지 않는 그녀를 신기해 했다. 어느 날 기자가 마돈나를 인터뷰하러 그녀의 집을 찾아갔다. 기자는 마돈나를 인터뷰하던 중 그녀의 유치원생 딸이 그해에 그녀가 받은 수상 트로피를 가지고 노는 것을 보았다. 기자가 물었다.

"딸아이가 트로피를 떨어뜨려 깨트리지 않을까 걱정되지 않습니까?" 그러자 마돈나가 말했다.

"저것들은 내 과거에 대한 증명일 뿐입니다. 지금 이 순간의 나에게는 어떤 설득력도 없는 것이죠. 그것의 의의는 내가 한때 찬란했다는 것을 증명하는 데 있고, 내가 끊임없이 앞으로 나아가게 만들어 준다는 데 있을 뿐입니다."

말을 듣고 보니 마돈나의 집 안에는 트로피들을 진열해 진열장이 하나도 없었다.

마돈나가 이야기한 것처럼 성공이란 과거를 증명해 줄 뿐이다. 현재와 미래를 증명할 아무런 설득력도 가지지 못한 것이다.

성공이나 실패는 모두 찰나의 것이다. 지속적인 발전이야말로 영원한 것이다. 이런 태도를 분명히 해야 잃고 얻는 것에 대한 속박에서 벗어날 수 있다.

무엇을 잃고 얻었는가를 발전의 유일한 평가 지표로 여길 때, 당신의 관심은 자연스레 득과 실에만 쏠리게 된다. 그래서 문제와 좌절을 정확하게 바라보는 태도를 잃게 된다. 발전 역시 과거에 대한 미련과 미래에 대한 환상 때문에 멈춰 서게 된다.

결과보다는 발전에 집중하자

많은 사람들이 내게 이해득실에 집착하지 않을 수 있는 방법을 물었다. "득실은 언제나 집중력에 영향을 미치기 때문에 그 영향을 하찮게 여기려 해도, 그로부터 벗어날 수 없다는 것을 깨닫게 된다."

이것은 손익을 많이 신경 쓰는 사람들이 공통적으로 가지고 있는 문제이다. 득실을 따지는 마음으로부터 벗어나고 싶어 하지 않는 게 아니라 그렇게 할 수가 없는 것이다. 그러나 자세히 보면 문제 그 자체에 답이 있다는 것을 알 수 있다.

당신은 어째서 손익을 따지는 마음에서 벗어날 수 없는 걸까? 그것은 당신이 그런 마음에서 벗어나려고 애쓰는 중에도 여전히 바로 그 손익에 신경이 쏠려 있기 때문이다.

소극적인 사람이 소극적인 마음가짐을 바꾸고자 한다면 적극적인 사람이나 대상을 자주 접하는 것이 좋다. 소극적인 대상이 주는 영향들로부터 점차 멀어지게 하는 것이다.

마찬가지로, 손익을 따지는 마음에서 벗어나고자 한다면, 시선을 돌려 발전에 주의를 집중시켜야 한다. 그 발전의 결과에 신경을 쓰는 게 아니고 말이다.

우리는 존슨의 사례를 통해 교훈을 얻을 수 있다.

시합을 하기 전에 존슨이 잡은 목표가 트로피를 받을 수 있는지 몇 등을 할 것인지가 아니라 얼마 만에 경기를 끝까지 다 뛸 것인지에 있었다면 그의 상황은 완전히 달라졌을 것이다.

자신의 능력을 발휘하는 일에 집중하게 되면 내부의 요인들이 당신이 가장 좋은 컨디션을 낼 수 있도록 돕는다. 그러므로 능동적이고 효과적으로 외부의 장애 요인들에 대응할 수 있게 된다. 당신이 손익의 영향을 아무렇지 않게 여긴다면, 그것은 아주 단순한 문제가 된다. 결과적으로 대부분의 상황에서 더 많은 것을 얻을 수 있게 될 것이다.

발전에 집중한다는 것은 주의와 관심을 발전 그 자체에 두는 것을 뜻한다. 흥미와 성취감을 능력의 발전에 집중시키는 것이다. 그 결과 당신은 자신의 능력을 높이고, 자신감을 얻게 된다. 동시에 능력의 저하로 인해 긴박감을 느끼게 될 수도 있다. 자신감과 긴박감 사이에 이리저리 내몰리는 동안 당신은 온힘을 다해 능력을 발전시키게 된다.

발전에 대해서 느끼는 감정적인 태도는 끊임없는 흥미와 성취감의 토대 위에 세워져야 한다. 발전의 과정 속에서 흥미와 성취감을 느끼면, 당신이 관심을 갖는 내용 또한 어느새 달라지기 마련이다. 마돈나가 좋은 사례이다.

그녀는 어떻게 해서 계속해서 무언가를 이루어 낼 수 있는 것일까? 그녀의 성취감은 자신의 창작물이 대중을 기쁘게 하는 것 그 자체로부터 나온다. 그녀의 음악이 관객을 감동시킬 때, 심사

위원들의 마음을 움직일 때, 그녀의 창작 능력도 함께 수준이 높아진다. 성공과 명예는 그 후에 뒤따라오는 것이다.

물론 무언가를 잃고 얻는 것이 아무 의미가 없는 것은 아니다. 지나치게 손익을 신경 쓸 필요는 없지만 그것을 따져봄으로써 결과적으로 교훈을 얻을 필요는 있다.
실패는 우리로 하여금 무엇이 문제인지 발견하게 만든다. 더 나아가 문제를 해결하고 발전을 이룰 수 있게 한다. 경험을 종합해서 교훈을 얻음으로써 자신의 능력을 끌어올리고 발전을 이루면 반드시 성공하게 된다.

하지만 성공이나 명예는 과거를 보여줄 뿐이다.
오래가는 발전을 이루고 싶다면, 지금까지의 성공과 영예는 잊어버려야 한다.
사람의 발전을 가로막는 것은 그가 마주한 고난이나 좌절이 아니라, 그가 이전에 이룬 성공의 환상인 경우가 많다.
삶의 가치는 얼마나 이뤘는지가 아니라, 어떤 수준으로 이루어냈는지에 달려 있다. 성취는 사람들의 기억에서 잊히지만 발전의 정신은 아주 오랫동안 영향을 미친다.

카베Cabet의 법칙

─ 획득하기 위해 포기할 것 ─

미국전신전화회사 AT&T의 전 회장인 카베는 포기와 획득을 아주
긴밀하게 연결해 그들 사이의 승계관계를 이론화했다. 필요한 때
포기할 줄 모르는 사람은 쟁취하는 방법도 모른다는 것이다.

불필요한 좌절보다 지혜로운 포기를 선택하자

좌절과 고난 속에서 굳게 지켜내는 의지는 최종적인 성공으로 나아가는 관건이 된다. 끝까지 꿋꿋하게 밀고 나가는 것이 성공의 주춧돌이라는 것이다. 그런데 어째서 카베는 포기가 최종적인 성공을 위해 필요한 것이라는 이론을 내세운 것일까?
올바른 방향을 향한 노력만이 진정으로 가치가 있기 때문이다.

카베의 법칙은 다음 두 가지 내용을 제시한다. 이들은 우리가 최종적인 성공을 향해 나아갈 때 고려해야 하는 부분이다.

첫째, 성공의 목표를 설정한다.
성공의 목표 설정은 발전의 방향을 결정한다. 방향만 제대로 맞으면 노력은 가치가 있다. 하지만 잘못된 방향으로 노력하면 끝없이 문제와 좌절에 부딪히게 될 것이다. 당면한 문제와 좌절을 극복해 낸다 하더라도 성공을 향한 거리를 좁힐 수 없는 경우가 많다.
성공의 목표를 정하는 과정에서, 가장 중요한 것은 그 방향이다. 목표는 발전해 나갈 방향을 보여 준다. 뿐만 아니라 성공의 목표 설정은 구체적인 행동에도 영향을 미친다. 다시 말해 성공의 목표 설정은 어떤 방향을 가리키는 역할만 하는 것이 아니라, 동시에 발전의 방향을 규정하는 속성을 가진다. 행동을 정확한 발전의 궤도 위에 묶어두는 것이다.

성공의 목표 설정은 발전하는 과정에서 겪게 될 좌절과 고난 가운데 어떤 것이 의미가 있고 어떤 것이 의미가 없어 포기해야 하는 것인지를 판가름해 준다.

둘째, 성공의 내용을 정의한다.

성공의 내용을 정의한다는 말은 발전 과정 중에 충분히 이룰 수 있는 성공이 무엇인지를 가리킨다. 또한 성공하기 위해 부담해야 하는 책임이 무엇인지도 가리킨다. 성공은 그 한 사람만의 성공이 아닌 경우가 많다. 성공은 한 집단의 사람들이 공동의 노력을 기울여 하나의 희망을 이루어 내는 것이다.

이 과정에서 각자가 성공의 내용에 대해 짊어져야 할 부담은 각각 다르다. 그러므로 각자가 자신의 장점을 충분히 발휘해서 성공의 내용 가운데 스스로 부담할 수 있는 책임을 맡아야 한다.

간단히 말해, 성공으로 향하는 발전 과정에서 당신이 발휘할 수 있는 능력은 당신이 강점을 가지고 있는 부분에 대한 능력일 뿐이다. 하지만 당신이 마주하는 고난과 좌절 또한 마찬가지로 당신이 남들보다 잘할 수 있는 것의 범위 안에 있는 것들이다.

그러므로 감당할 필요가 없는 고난과 좌절을 포기하는 것은 그 고난과 문제를 해결할 수 있는 사람이 담당하게 하는 것이다.

개인은 자신이 집단의 목표를 실현하는 과정에서 부담해야 할 책임이 무엇인지를 분명히 해야 한다. 자신의 능력 범위 안에 있지 않은 고난과 좌절은 버려야 한다. 그리고 더 적합한 사람이 그것을 맡을 수 있게 해야 한다.

목표에서 벗어나는 행동은 포기하는 것이 유일한 선택지이다

당신이 이루거나 얻은 것과 목표 사이에 아무런 관계가 없거나, 혹은 엇나감이 있을 때는 그것을 포기하는 것이 유일한 선택지가 된다.

우리가 목표를 통해 자극받는다는 것은 의심할 여지가 없는 사실이다. 그것은 한 사람의 성공의 시작이며, 발전의 방향을 설정하여 그 결과를 명확하게 해 준다. 목표를 설정함으로써 자신의 가치와 처해 있는 상황, 그리고 발전을 이루어 나가는 과정에서 만날 수 있는 고난과 좌절이 무엇인지 알 수 있게 된다. 더욱 중요한 것은, 목표는 분명하고도 구체적인 결과를 보여 준다는 점이다. 목표를 향해 나아가는 과정에서 목표와 관계가 없는 것,

혹은 목표와 동떨어져 있는 행동은 모두 무의미한 것이다. 그럴 때는 포기하는 것이 현명한 것이고 꼭 필요한 것이기도 하다.

첫째, 목표의 초기 단계

목표의 시작 단계는 자신에 대한 객관적 인식에서 비롯된다. 자신을 객관적으로 인식함으로써 자신의 강점과 약점이 무엇인지를 발견하고 자신에게 알맞은 발전의 목표를 찾는 것이다.

절대 자신의 약점과 타인의 강점을 두고 경쟁하려 들어서는 안 된다. 그런 행동은 곧 실패로 이어질 뿐 아니라, 실패 자체가 일종의 일상적인 상태가 되어 버린다. 그리고 결국에는 발전에 대해 가지고 있던 열정마저 사라져 버릴 것이다.

자신에 대한 합리적인 인식은 발전의 큰 방향을 명확하게 잡을 수 있게 해 준다.

목표의 초기 단계인 자기 인식의 과정에서 짚어 보아야 할 세 가지가 있다.

1. 흥미

흥미는 발전을 위한 동력이다. 흥미가 빠지면 행동과 목표 사이에 충돌이 생기고, 결국 그 목표는 이루어지지 않는다. 그러므로 목표의 초기 단계에서 자신이 무엇에 흥미를 느끼는지를 분명히 해야 하다.

2. 강점

강점이란 곧 자신이 경쟁력을 가지고 있는 게 무엇인가를 뜻한다. 자신의 강점으로부터 출발해서 목표를 세우면 첫 발을 떼는 순간부터 선두를 달릴 수 있다.

문제는 우리가 종종 스스로 아주 많은 강점을 가지고 있다고 여기거나 아주 많은 방면에서 다른 사람보다 뛰어난 성과를 낼 수 있다고 생각하는 것이다. 이런 식의 자기 인식은 객관적이지 못한 것이다.

3. 약점

약점은 발전을 방해하는 주요한 장애물이다. 우리는 흔히 자신이 어떤 부분에 대해 약점을 가지고 있는지 이해하지 못해 결국에 가서 그것이 발전을 방해하는 최대의 복병이 되게 만든다.

대부분의 경우 우리는 발전 과정 중에 자신의 약점이 무엇인지를 알게 된다. 하지만 이때는 이미 상황을 바로잡을 수 있는 능력이 없어 실패를 피할 수 없게 된다.

그렇기 때문에 목표의 초기 단계에서 자신의 흥미와 강점, 약점을 짚어 보고 흥미의 범위 안에 있지 않은 것, 진실이 아닌 강점을 포기하고, 자신이 어떤 방면에 약점을 가지고 있는지 분명히 알아 두어야 한다. 흥미와 강점 사이에서 타협을 하면서 자신에게 가장 적합한 발전 목표를 찾아내는 것이다.

둘째, 목표의 발전 단계

목표의 발전 단계에서는 포기하는 것 또한 중요한 행동이다. 포기해야 할 것은 크게 다음 두 가지로 정리된다.

1. 맡은 일 이외의 성취

자신의 강점이 무엇인지 명확히 알지 못한다면, 혹은 자신의 능력을 지나치게 믿고 있는 사람이라면 맡은 일 이외의 것들을 통해 스스로의 가치를 확인하려 하기 쉽다.

하지만 이런 종류의 성취는 발전에 부정적인 영향을 미칠 뿐이다. 흥미가 다른 곳으로 옮겨지면서 자신이 책임지고 있는 일까지도 소홀히 여기게 되기 때문이다. 목표를 향한 여정에 틈이 생기는 것이다.

집단의 목표를 이루는 것은 서로 다른 사람들이 호흡을 맞춰 각자 자신이 맡은 부분에서 최선을 다해야 최종적으로 가능하다. 그중 누구 하나가 빗나가게 되면 최종적인 목표는 이룰 수 없게 된다.

2. 발전 과정 중의 '이른바 기회라고 불리는 것'

'이른바 기회라고 불리는 것'이라고 하는 것은 이런 종류의 기회들이 가져오는 영향이 대체로 부정적이기 때문이다.

발전 과정 중에 기회와 문제는 함께 존재한다. 목표와 관련이 없거나 목표로부터 동떨어져 있는 기회들을 '이른바 기회라고 불리는 것'이라고 한다. 그것이 발전에 미치는 영향은 가장 강력하다.

우리는 종종 이런 종류의 기회에 대해 현실적인 고려를 하지 못한다. 그래서 목표를 바꾸기에 이르고 결국 목표를 실현하지 못하게 된다.

발전 과정에서 '이른바 기회라고 불리는 것'들의 유혹은 저항하기 힘든 것이다. 많은 사람들이 그 유혹에 넘어가 신념을 잃어버리고, 자신의 행동을 목표로부터 빗나가게 하여 결국 실패에 이르게 된다.

현재의 결과는 다음 목표의 시작이다

결과는 그 다음 목표의 시작점이 된다. 결과에 대한 인식을 통해 집단은 발전 방식에 대한 보다 정확하고 적합한 방식을 찾을 수 있다. 각 요소들의 영향을 종합함으로써, 더욱 방향성 있는 목표를 찾게 된다. 이것이 관리자가 책임질 부분이다.

셋째, 목표의 최종 단계
목표의 최종 단계는 한 가지 목표의 완성이나 한 단계의 완성이 전체 목표에서 가지는 중요성을 의미한다.

무엇보다 중요한 것은 목표를 실현하는 과정에서 더욱 효과적으로 집단의 강점과 취약점을 발견할 수 있게 된다는 것이다. 강점을 더욱 강화해서 결함을 피하면서 더욱 신속하고 효과적으로 다음 목표를 이룰 수 있게 된다. 이 과정에서도 포기해야 할 것을 포기하는 것은 집단이 그 다음 목표를 이루는 데 긍정적인 영향을 미친다.

이 단계에서 주의해야 할 것은 다음 두 가지이다.

1. 집단의 목표에 심각하게 부정적인 영향을 끼치는 개인과 부분을 변화시키려는 시도를 하지 않게 되는 것

이런 사람들은 겉으로는 대부분 관리자나 상사의 지시를 따르는 척 하지만, 결코 자신의 행동을 고치지 않는다. 이들은 집단의 발전 과정에 가장 큰 독이 된다. 더욱 중요한 것은 그 독이 점점 더 커져 결국 재앙과도 같은 결과를 불러오게 된다는 것이다. 악성 종양을 잘라내는 것은 집단이 그 다음 목표를 이루기 위한 가장 바람직한 선택이다.

2. 현실에 맞지 않는 생각과 목표

목표를 크게 가지는 것은 합리적이고 또 필요한 것이기도 하다. 그러나 각 단계의 목표가 집단의 고된 노력을 통해 셀 수 없는 실패와 고민 끝에야 이룰 수 있는 것이라면, 목표를 이룬 뒤에 얻는 성취감을 떨어뜨릴 수 있다. 그러므로 관리자는 현실적인 상황을 고려해서 단계적인 목표를 조정해야 한다.

목표는 인간의 행동을 이끄는 동시에 인간의 욕망을 반영한다. 목표의 실현은 새로운 시작이며, 한 단계 더 높은 곳에서 시작하는 동시에 더욱 큰 열망을 가지게 한다. 목표의 근본 작용은 인간의 투지를 불러일으키는 데 있다.

종합해 보면, 목표는 하나의 결과가 아니라 그 다음 도전의 시작이다. 목표를 실현하는 과정에 대해서는 다음 두 가지를 기억해 두도록 하자.

첫째, 발전성 있는 목표를 설정할 것

이것은 한 가지 목표를 이룬 다음에 가장 먼저 고려해야 할 문제이다. 단계적인 목표의 완성은 더 큰 목표를 이루는 데 중요한 의미를 갖는다. 그러나 단계적인 목표의 실현이 발전에 대한 집단의 의식이 약한 속에서 이루어지게 되면, 집단은 투지를 잃어버리고 전투력을 상실한다. 결과적으로 지속적인 발전을 이룰 수 없게 되는 것이다.

둘째, 더욱 객관적이고 진실하게 집단을 이해할 것

관리자로서는 첫 번째 목표를 이루는 것이 한 번의 군사 훈련과도 같은 것일 수 있다. 그 훈련을 통해 집단의 강점과 부족한 부분을 발견할 수 있기 때문이다. 강점을 기르고, 약점을 없애는 방법을 통해 집단은 더욱 효과적인 발전을 이룰 수 있다.

포기하라는 것은 현재 분투하고 있는 목표를 팽개치고 이미 이룬 성과를 버리라는 뜻이 아니다. 목표와 관련이 없는 것을 포기하자는 것이다.
자신에게 속하지 않은 것, 혹은 목표로 설정한 것을 이루는 데 안 좋은 영향을 미치는 것이라면 과감히 포기해야 한다.

살치 효과

― 우두머리는 어떻게 무리를 이끄는가? ―

살치는 본능적으로 우두머리가 가는 방향으로 움직인다. 우두머리 살치의 뇌에서 행동을 제어하는 부분을 제거하여 통제 능력을 잃어 버리게 만든 후에 살치들이 어떻게 행동하는지를 지켜 본 실험이 있었다. 행동을 제어하는 부분이 제거된 우두머리 살치는 방향을 잃어버리고 줄곧 이리저리 부딪혔다. 그러나 이런 상황에도 불구하고, 살치의 무리는 여전히 이전과 똑같이 우두머리를 뒤따랐다.

세뇌당하지 말자, 거부하자

인간은 무리를 지어 살아간다. 그러므로 '살치 효과'는 우리의 일상생활에도 큰 영향을 미친다. 고대의 황제와 그의 백성들로부터 현대 기업의 CEO와 그 기업의 직원들에 이르기까지, 인류는 언제나 살치 효과의 작용 범위 안에 있었다.

인간의 사고방식과 행동 또한 살치 효과의 영향을 받는다.

고대 중국에서 황제는 자신의 통치 권력을 유지하고 강화하기 위해 신화를 이용하곤 했다. 뿐만 아니라 신화 속 이야기를 국가 통치에 적용하기도 했다.

"황제는 하늘의 명을 받았다. 용의 화신이다."

이런 식의 관념을 집어넣어 황제의 말에 거역하는 것은 신의 뜻을 거스르는 대역죄인 것처럼 생각하게 만든 것이다. 신의 징벌을 받게 될 것처럼 겁을 주는 것이다. 주술 행위가 만연한 곳에서 주술사는 항상 최고의 권력을 잡고 군중의 지도자가 된다.

폭동이 일어나고 반발이 발생할 때, 주술사는 흔히 극단적인 방법을 택한다. 반발하는 사람들에게 극형을 내리는 것이다. 이런 징벌을 통해 통치의 권위를 굳건히 하고 사람들의 생각을 속박한다. 사람들은 속박당하며 자주적인 인격을 잃어버리고 창조력을 잃어버리고 차츰 도덕관념까지 잃게 된다.

오랜 옛날에는 제사를 지내거나 기우제를 지낼 때 보통 제물로 인간을 바쳤다. 사람들은 살아 있는 사람을 불구덩이나 물웅덩이에 집어넣는 방식으로, 제물을 하늘의 신에게 바친다고 생각했다.

이런 행위를 통해 지도자는 집단의 행동에 대해 상상을 뛰어넘는 통제력을 가질 수 있었다.

물론 봉건 사회는 이미 사라지고 없다. 과학 기술의 발전을 통해 사람들은 자연현상에 대해 더 깊은 이해를 할 수 있게 되었고, 주변 상황이나 대상에 대해 독자적인 관점을 갖게 되었다. 그러므로 현대 사회에서 봉건적 통치방식을 시도한다면 그 시도는 반드시 실패할 것이다.

봉건 시대 통치자들이 가졌던 통제력은 이제 우두머리의 매력과 카리스마로 대치되었다. 이것은 현대 기업들에 중요하게 작용한다. 사람들은 습관적으로 성공한 사람의 뒤를 쫓아간다. 그러므로 우두머리의 매력이 전투력을 갖춘 집단을 만드는 가장 중요한 요인이 되는 것이다.

뒤따르기에서 뛰어넘기까지의 4단계

단체 싸움을 중요하게 여기는 사회에서도 개인의 능력은 여전히 중요한 작용을 한다. 개인이 추구하는 목표가 자신이 설정한 높은 수준에 도달하는 것은 일종의 성공을 나타내는 것이다. 그러나 성공한 사람이 갖추고 있는 소질은 타고난 것이 아니다. 성공한 사람들의 경험에서 얻은 교훈들을 정리하고 자신에게 엄격하게 적용해서 최종 목표를 이루어 낸 것이다.

사람들이 가지고 있는 성공에 대한 이해는 저마다 다르다. 성공을 이루는 방식이나 과정 또한 제각각이다. 그러나 목표를 이루기 위해 분투하는 사람이라면 꼭 알아두어야 할 세 가지가 있다.

첫째는 이루고 싶은 것이 무엇인가,

둘째는 원하는 것을 이루는 과정에서 어떤 문제를 만날 수 있는가, 세 번째는 어떤 방법으로 이 문제를 확실하게 해결할 수 있을까 하는 것이다.

우리는 반드시 자신을 집단이나 사회 환경의 영향 아래 두어야 한다. 이런 영향은 성공을 이루는 데 굉장히 중요한 역할을 한다. 개인과 집단 혹은 사회 환경 사이에서 충돌이 생겼을 때, 개인의 힘은 집단과 사회를 이길 수 없는 경우가 많다. 그러므로 자기 혼자서만 무언가를 해 내려 한다면 반드시 실패하게 된다. 개인은 과연 어떻게 집단과 타협하여 자신이 추구하는 목표를 이룰 수 있는 것일까?

장거리 달리기 선수들에게 적용되는 일반적인 성공 모델이 있다. 그것은 '쫓아가기 – 배우기 – 새롭게 하기 – 뛰어넘기'이다.

이러한 프로세스 모델로 미루어 경기에서 성공하기 위한 첫걸음이자 가장 중요한 걸음은 따라하는 것이라는 사실을 알 수 있다. 뒤를 쫓는 것은 아무런 목적도 없이 따라하는 것과는 전혀 다르다. 뒤를 쫓아가는 과정에서 앞 사람이 성공을 이루기 위해 갖추었던 체력, 인내심, 폭발력 등 모든 최종적인 요인들을 발견하는 것이 중요하다. 이런 요인들을 자신의 실제 상황에 대비시켜 봄으로써 정확한 판단을 내릴 수 있다. 뒤를 쫓는 일의 목표는 자신과 앞 사람 사이의 거리가 얼마나 되는지를 확인하는 것이다. 그리고 적극적인 변화를 이루어 내는 것이다.

만약 운동선수가 자기보다 우수한 선수를 뒤쫓는 중에 자신이 언제나 가장 마지막 스퍼트를 내야 할 때 앞 사람과 거리가 벌어진다는 사실을 발견한다면, 그는 체력과 폭발력을 기르는 데에 집중하여 노력하게 될 것이다. 이러한 노력이 계속해서 쌓여

나가는 과정을 통해 자기보다 우수한 사람을 추월할 수 있게 되는 것이다.

목표를 이루는 것 역시 이와 마찬가지다. 성공을 원한다면 겸손함이 가장 중요한 요소라는 사실을 기억하자. 이런 소질만 갖추고 있으면, '몸을 굽혀' 성공한 사람의 뒤를 따라 걸을 수 있다. '몸을 굽히는 것'이 갖는 의미는 굉장히 크다. 소리 없이 묵묵히 성공한 사람들의 발자취를 따라가는 사람은 앞 사람을 추월하게 되어 있다. 반면에 성공한 사람과 충돌하고, 성공한 사람의 이야기에 귀를 기울이지 않는 사람은 결국 어떤 것도 이루지 못하는 경우가 많다.

뒤를 쫓는 것은 맹목적으로 누군가를 따라 하는 것은 아니다. 성공한 사람을 따라하는 과정에서 자신을 잃어버린다면, 성공한 사람의 그림자에 뒤덮여 버린다면, 추구하는 목표를 이룰 수 없을 것이다.
뒤쫓기는 일종의 축적 과정이다. 이 과정에서 우리는 시시각각 자신과 성공한 사람 사이의 거리에 주목해야 한다.
일을 처리하는 방식, 판단력, 통찰력과 같은 능력의 형성은 모두 축적의 과정을 필요로 한다. 묵묵히 성공한 사람의 발자취를 따라 걷는 가운데 끊임없이 문제를 발견하고 그것을 해결해 나가는 과정을 통해 능력이 커 가는 것이다. 그렇게 해서 성공한 사람만큼의 능력과 소질을 갖추게 될 때 비로소 자신의 강점을 살려 최종적으로 그것을 뛰어넘을 수 있게 된다.

포부가 크고, 먼 곳만 바라보며, 이루고자 하는 목표의 수준은 높은데 실력은 부족한 대학생이 있다고 하자. 그 학생에게는 아주 평범한 작업을 하는 과정이 중요한 의미를 가진다. 이런 과정 없이는 성공한 사람의 능력과 소질을 자신의 것으로 하기 힘들고, 나아가 최종적으로 목표를 이루기도 어렵기 때문이다.

살치 효과와 기업 관리

기업의 경우에 비추어 살치 효과를 살펴보자.

앞서 언급한 살치 효과 실험은 관리자들에게 특별한 교훈을 준다. 살치의 우두머리가 뇌에서 행동을 조절하는 부분을 제거당한 뒤, 살치 무리의 행동은 그 우두머리를 따라 혼란스러워져서 '정상이 아닌 살치 떼'가 되고 만다.

기업 관리 차원에서 보면, 뛰어난 지도자 한 명이 있으면 그가 이끄는 집단은 항상 만족스러운 성과를 낸다. 만약 다른 사람들의 눈에 일에 대한 열정이 결여되어 보이는 지도자가 있다면 그가 이끄는 집단 역시 게으르고 소극적이기 마련이다.

우두머리의 행동은 집단의 행동에 영향을 미친다. 또한 우두머리의 능력은 집단의 능력에도 영향을 미친다. 우두머리는 집단의 성공과 실패에 대해 직접적인 책임을 가지게 되는 것이다.

한 개인이 단계적인 성공을 이루어 집단의 우두머리가 되었을 때, 그의 행동과 태도는 집단이 능력을 발휘하는 데 직접적으로 영향을 미치게 된다.

찰스톤은 대형 생산 기업의 창업주이다. 아주 오랜 동안의 뼈를 깎는 노력 끝에 그는 사업의 성공을 이루었다. 그러나 그 무렵 그의 기업은 정면으로 문제에 부딪히게 되었다.

원래 찰스톤의 회사에서 영업팀의 실적은 언제나 실망스러운 수준이었다. 이 팀의 직원들은 일에 적극적이지 않고, 게을렀다.

"나는 영업팀 사무실에 들어가면 마음이 답답해지고, 그 팀의 직원들에게 실망하게 된다."

처음에 찰스톤은 여러 가지 대책을 시도해 보았다.

예를 들어 초과 실적에 대한 상을 주고, 직원들의 작업 환경과 복지를 개선해 을 개선해 주었다. 이런 대책들은 어느 정도 효과가 있기는 했지만, 영업팀의 실적은 여전히 만족스럽지 못했다.

"그들이 일을 하는 모습을 보면, 내가 했던 노력들이 한순간 사라져 버렸다는 것을 알 수 있었다."

찰스톤은 심지어 극단적인 방법을 써 보기도 했다.

영업팀에서 '근무 태도가 좋지 않은 직원'을 모두 해고시켜 버린 것이다. 그러나 그 결과는 새로운 직원이 일정 기간 '분투'하다가 서서히 팀을 지배하는 '근무 태만' 분위기에 물드는 것이었다. 찰스톤은 좌절감을 느꼈다.

영업팀을 자세히 들여다본 결과, 문제의 근본 원인은 부서를 책임지는 팀장에게 있었다. 바로 그가 부정적인 분위기를 만들어낸 장본인이었던 것이다. 팀장을 다른 사람으로 교체하자 상황은 빠르게 좋아지기 시작했다.

살치 효과는 성공을 이루는 모델을 제시할 뿐 아니라, 동시에 기업이 문제를 해결할 수 있는 생각의 실마리를 준다. 어떤 부서가 계속해서 문제를 드러낸다면, 기업의 관리자는 부서의 책임자에게서 문제를 해결할 방법을 찾을 수 있다.

실패한 팀은 온전히 실패한 우두머리가 만들어내는 것이다.

팀의 문제를 일종의 집단적 문제로 여겨서는 안 된다. 책임은 팀의 관리자 한 사람에게 물어야 한다.

Law 12

'게으름뱅이 개미' 효과

— 언제나 깨어 있을 것 —

개미 무리 안에서 대부분의 개미는 아주 부지런하다. 그들은 한순간도 쉬지 않고, 고생을 마다하지 않고 성실히 일한다. 하지만 언제나 소수의 개미들은 일을 하지 않고 딴 짓을 하고 있다. 먹이가 떨어졌을 때, 혹은 개미굴이 망가져 버렸을 때 부지런한 일꾼개미들은 우왕좌왕하며 공황 상태에 빠진다. 바로 이때 '게으름뱅이 개미'들이 존재를 드러내기 시작한다. 일찍이 봐 두었던 새로운 먹이가 있는 곳으로 다른 개미들을 이끌고 가는 것이다. 그들은 대상을 정확하게 관찰하는 법을 알고, 그것을 분석하고 전체 형세를 파악하는 능력을 갖추고 있다. 그들은 누구보다 강한 생존능력을 가지고 있는 것이다.

당신은 냉철한 지혜를 지닌 '게으름뱅이 개미'인가?

'게으름뱅이 개미' 효과는 우리에게 '게으름'의 지혜를 일깨워 준다. 부지런히 일하는 것만이 제대로 사는 법은 아니며 많이 노력하는 사람이 반드시 더 좋은 성과를 내는 것은 아니라는 것도 알려준다. 이는 생존의 규칙이다.

예를 들어 한 집단에서 20%의 '게으름뱅이 개미'가 나머지 80%의 개미들의 행동을 이끈다 치자. 만약 이 20%의 '게으름뱅이 개미'들이 사라져 버린다면 어떤 일이 일어날까?

생물학자들은 '게으름뱅이 개미'가 필요하다는 사실을 증명하기 위한 한 가지 실험을 해 보았다. 개미 무리에서 '게으름뱅이 개미'들을 없애고 부지런히 일하는 개미들만을 남겨놓은 것이다. 처음에는 아무런 변화도 일어나지 않았다. 그러나 식량 공급원을 끊어 버리자 혼란이 시작되었다. 한동안 우왕좌왕한 뒤에도 개미들은 여전히 엉망진창이었다. 사실 생물학자들은 개미굴에서 얼마 떨어지지 않은 곳에 새로운 식량을 놓아두었었다. 하지만 열심히 일만 하던 개미들은 그것을 발견하지 못했다. '게으름뱅이 개미'들을 다시 무리로 돌려보내자 상황은 즉시 달라졌다. 다시 말해 이 '하는 일 없이 빈둥거리는 게으름뱅이 개미'들은 개미 집단의 행동에 중요한 안내 역할을 하고 있는 것이다.

그렇다면 따로 떼어 놓은 20%의 '게으름뱅이 개미'들 사이에서는 어떤 일이 일어났을까?

20%의 '게으름뱅이 개미'들만 모아서 따로 떼어두자 신기하게도 이 새로운 무리 속의 모든 '게으름뱅이 개미'들이 계속 게으른 채로 있지는 않았다. '게으름뱅이 개미'의 80%는 부지런하게 일하는 일꾼 개미로 바뀌어 식량을 옮기고, 개미굴을 파기 시작한 것이다. 그리고 나머지 20%의 개미들은 딴 짓을 하고, '하는 일 없이 빈둥거리며' 지냈다.

개미 집단의 행동은 파레토의 2:8 법칙을 따르고 있었던 것이다. 절대적으로 게으르거나 절대적으로 부지런하기만 하면 결코 좋은 결과를 만들어 낼 수 없다. 그러나 게으름과 부지런함이 적절하게 결합하면 그 효용성이 오래 지속될 수 있다.

쉬지 않고 집을 짓는 거미의 이야기를 들어본 적이 있는가. 대다수의 사람들이 감동을 받는 이 이야기에는 거미가 한 마리 등장한다. 그는 거미줄을 치고 있는데, 여러 가지 이유로 번번이 거의 다 완성되었을 때 거미줄이 망가져 버리고 만다. 하지만 그는 포기하지 않고 수십 번의 실패를 거듭한 끝에 결국 온전한 모양의 거미줄을 완성해 내는 것이다.

아주 짧고 단순한 이야기지만 이 이야기를 통해 우리는 거미의 의지와 끈기에 감동을 받는다. 이것은 고난을 만나 포기하고 싶은 상태에 놓인 사람들을 고무시키기에 좋은 이야기다.

그러나 이 이야기를 '게으름뱅이 개미'의 관점에서 해석한다면 새로운 생각을 해 볼 수 있다.

이미 수십 번의 실패를 거듭했다면 그 거미는 자리를 잘못 잡은 것이 아닐까? 큰 바람이 불거나 큰 동물이 자주 출몰하는 장소라는 뜻 아닐까? 만약 그렇다면 거미가 거미줄을 완성한다 해도 이 거미줄은 얼마 지나지 않아 파괴될 운명인 것이다. 그렇게 거미의 노력은 물거품이 되고, 거미의 생명은 쉬지 않고 거미줄을 짜는 동안 조금씩 꺼져가게 될 것이다.

기업에서 80%의 근로자들은 직접적으로 기업의 이익을 창출한다. 그들이 고생스럽게 애쓰지 않으면 기업의 이익이 나올 방법이 없다. 그러나 20%의 '게으른' 직원들은 부지런한 80%의 직원들을 정확한 방향으로 이끌고 간다. 지시하는 방향이 없으면 부지런한 직원들은 곧 목표를 잃어버리고 뒤죽박죽 혼돈의 무리가 된다. 그리고 기업에 지속적으로 이윤을 만들어 주는 것이 불가능해진다.

기업의 지속적인 이윤 창출을 위해서는 두 가지를 유념해야 한다. 하나는 '게으름뱅이 개미'를 찾아내고 존중해 주는 것이고, 또 하나는 부지런한 직원에게 관심을 가지는 일이다.

'게으름뱅이 개미'를 찾아내고 존중해 주는 일

대부분의 관리자들은 많은 일을 해낼 수 있는지 혹은 그보다 더 큰 성과를 내는지를 기준으로 직원들을 평가한다. 그렇기 때문에 기업의 지도자들이 선호하는 직원들의 자질로는 포기하지 않는 끈기, 근면 성실함이 꼽힌다. 그중에서도 생산 기술은 최우선으로 꼽힌다. 이 자질들 덕분에 직원들은 더 쉽게, 목표치를 뛰어넘는 생산 임무를 수행해 낼 수 있다. 동시에 마찬가지 이유로 관리자들은 '게으른' 직원들에 대해 의구심, 심지어는 반감을 가지게 된다. 그들은 직접적으로는 기업의 발전에 아무런 기여도 하지 않기 때문이다.

그러나 이런 관점은 한쪽 면밖에 보지 못한 것이라고 할 수 있다. 중국의 자동차 브랜드인 체리 자동차奇瑞가 최근 몇 년간 큰 재물 운을 만났다. 이 기업이 낸 이윤은 아주 짧은 기간 내에 유명한 자동차 브랜드를 훌쩍 뛰어넘었고, 단번에 자동차 업계의 다크호스가 되었다.

체리 자동차가 이렇게 단시간에 놀라운 성과를 낸 데는 효과적으로 '게으름뱅이 개미'의 능력을 이용했다는 비밀이 숨어 있다. 대부분의 자동차 제조사들은 국경을 뛰어넘어 생산 시설을 만들고 조립하는 것에 열중한다. 가장 직접적으로 기업의 이윤을 추구하기 위해서이다. 심지어는 대다수의 자동차 제조사들이 연구개발 부서를 없애는 방법까지 고려하고 있을 때, 체리 자동차가 문을 열었다. 체리 자동차의 연구개발 부서에 속한 대다수의 직원들은 모두 다른 기업에서 냉대 받던 연구원들이었다.

얼마 후 다국적 자동차 기업들이 여러 가지 이유로 주문량을 줄일 때, 가공 조립을 주로 하는 자동차 제조업체들은 곧바로 타격을 받았다. 주문이 없으면, 직원들이 할 일이 없어진다. 무엇보다 심각한 것은 연구개발 부서에 직원을 배치하지 않았기 때문에 기업이 발전을 위한 새로운 목표를 준비하지 못했다는 사실이었다. 그러나 체리 자동차는 탄탄한 개발팀의 연구를 바탕으로 새로운 발전의 방향을 찾아냈다. 게다가 자신만의 강점을 살린 자동차 브랜드를 개발해 내기까지 했다. 그래서 수많은 자동차 제조업체들이 위기에 처했을 때, 체리 자동차는 한 마리 검은 말처럼 사람들의 시야 속으로 훌쩍 뛰어든 것이다.

우리는 체리 자동차의 사례를 통해 '게으름뱅이 개미'들이 기업의 발전에 직접적인 이익을 만들어 내지 못할지라도, 장기적이고 지속적으로 이윤을 만들어내는 데 핵심적인 역할을 한다는 사실을 알 수 있다.

각기 다른 스타일의 직원들이 서로 다른 역할을 맡아 각자의 일을 해 내는 것이 가장 이상적인 기업의 형태이다. 이는 기업이 살아 움직이고 있음을 보여 준다.

인적자본의 가치와 특수성을 근거로 기업의 구성원은 크게 4가지 종류로 나눌 수 있다. 핵심인재, 특수인재, 통용형 인재 그리고 보조형 구성원이 그것이다. 그중에서 핵심인재는 기업의 핵심 능력에 가장 중요한 역할을 한다. 연구 개발, 마케팅 및 전략 기획에 있어 핵심인재들은 결정적인 역할을 하며, 나머지 구성원들을 이끌어 가는 역할을 맡는다.

기업에서 직원을 채용할 때는 각자에게 걸맞은 역할을 맡기는 것이 중요하다.

부지런하고 앞장서서 일을 맡아 하지만 깊은 탐구 정신이 없는 인재의 경우, 그에게 적합한 것은 생산 가공 업무이다. 새로운 시장을 개발하는 데 날카로운 통찰력을 가진 직원이 어울리지 않는 자리에 배치된다면 그가 가진 재능은 제대로 발휘되지 못할 것이다. 결과적으로 그것은 인재를 묻어두는 꼴이 되고, 기업의 발전을 제한하게 되는, 이른바 '남도 자신도 해치는' 행동이 된다.

기업은 '게으름뱅이 개미'형의 인재에 대해 충분히 이해를 하고 도움을 줄 수 있어야 한다. '게으름뱅이 개미'형의 직원은 기업이 이윤을 창출하는 데 직접적으로 도움이 되지 않기 때문에 무시당하기 쉽다. 관리자가 이익과 효율 만을 중시해서 이런 인재들에 대한 관심을 소홀히 한다면 그 기업은 사회 발전에 적응하기 힘들 것이다.

연구 개발과 창조 혁신은 기업 발전의 핵심적인 요소이다. 새로운 것을 격려하고 지원하는 것은 지속적인 발전을 이루어 나가는 근본적인 동력이 된다.

근면 성실한 직원은 기업 이익의 직접적인 창출자이다

'게으름뱅이 개미' 효과는 일종의 반작용으로 평범해 보이지만 성실하고 주도적으로 일을 하는 말단 직원들을 주목하게 만든다. 기업이 핵심인재들로 가득 차 있다면 그 조직은 지나치게 비대해질 뿐 아니라 핵심인재 사이의 경쟁을 더욱 두드러지게 만든다. 핵심인재들의 경쟁은 발전을 상호간의 충돌로 변질시키기 쉽다. 이것은 기업의 발전에 있어 결코 좋은 일이 아니다.

말단 직원의 수가 적거나 말단 직원들의 이익이 충분히 보장되어 있지 않다면, 핵심인재들이 아무리 강한 능력을 갖추고 있다 하더라도, 이는 결국 기업의 이익으로 이어질 수 없다.

지글러 Zig Ziglar 의 법칙

─ 목표를 높게 잡을 것 ─

하나의 높은 목표를 설정해 두면 그 자체로 목표의 일부를 이룬 것
이나 마찬가지다. 이것은 행동학자 지글러가 정리한 지글러의 법칙
이다. 지글러의 법칙은 목표가 인간의 행동에 화살표 역할을 한다
는 사실을 일깨워 준다. 이 법칙에는 또한 "높은 곳에서 시작하는
것이 더 큰 발전을 가져 온다"는 내용도 포함되어 있다.

포부가 큰 사람이 크게 된다

_ 높은 곳에서 출발해야 더 높이 오를 수 있다

전통적인 사고방식에서 성공은 언제나 노력 끝에 우연히 얻어지는 것이다. 동시에 기회, 자원, 시기 등 각종의 요소가 갖춰져야 그 영향으로 성공할 수 있다는 것이다. 그러나 이런 요소들이 모두 한 번에 갖춰지기란 어렵다. 성공은 아주 어렵고, 우연히 이루어지고, 예측이 불가능한 일처럼 보인다.

"성공은 다가오는 것이지 구하는 것이 아니다."

이런 식의 전통적인 생각은 사람들의 행동에 아주 심대한 영향을 미쳤다. 성공은 아주 절박하게 바라야 하는 것이면서 동시에 노력을 계속해 나가는 과정에서 따라오는 것이 된다. 만약 성공에 대한 경외심이 성공을 추구하는 마음보다 훨씬 더 높이 있다면, 성공을 추구하는 과정은 두려움으로 가득 차 있을 것이다. 이는 노력하는 사람과 성공 사이의 거리를 더 벌어지게 만들 뿐이다.

이 세상에서 매일매일 누군가는 자신의 꿈을 이루고 성공을 만들어 내는 반면 누군가는 성공의 바로 옆을 스쳐 지나간다. 성공을 바라고 갈망하는 사람은 그보다 훨씬 더 많다. 대다수의 사람들은 마음에 꿈을 품었다가 점점 그것을 잃어버리고 결국에는 꿈을 포기하게 된다.

우리는 이처럼 오래된 관점의 굴레에서 벗어나 새로운 시각을 가져야 한다. 반드시 성공을 이룰 수 있다고 생각하는 것이다.

'끌어당기는 힘의 법칙'에 따르면 당신은 당신이 생각하는 방식대로 사회 속에 존재하고 있다. 다시 말해, 당신이 바라는 만큼 얻게 된다는 말이다. 이것은 전통적인 생각에서 벗어난 새로운 사고방식이다. 이런 새로운 관점은 우리의 시야를 트이게 하고 생각의 폭을 넓혀 주며 완전히 새로운 각도에서 성공을 바라보게 한다.

그러면 이제 성공을 어떻게 정의하면 꿈을 이룰 수 있는 걸까? 노력하면 반드시 성공할 수 있다.

이런 생각은 자신의 발전 가능성과 가치를 충분히 인정하는 것이며 자신감을 보여 주는 것이다. 또한 이것은 성공을 이루기 위해 반드시 갖춰야 할 자질 가운데 하나이기도 하다.

성공하기 위해서는 반드시 노력의 과정을 거쳐야 한다. 그 과정에서 많은 요소들이 성공이 실현되는 데 영향을 미친다. 부정적인 요소의 영향을 받아 입장을 바꾸게 되면, 행동 역시 목표에서 멀어지고 결국 실패하게 된다.

하고 싶은 대로만 해서 이루어지는 성공이란 없다. 성공을 이루기 위해서는 오랜 시간 쉽지 않은 과정을 거쳐야 한다. 꿈을 포기하지 않고 충실하게 실천에 옮겨야 비로소 성공을 이룰 수 있는 것이다.

지글러의 법칙은 우리에게 성공하고 싶다면 먼저 용기를 가지고 꿈을 꾸고 웅대한 목표를 세우라고 이야기한다.

"포부가 큰 사람이 크게 된다. 높은 곳에서 출발해야 더 높이 오를 수 있다."

이 말은 목표가 갖는 의미를 함축하고 있다.

목표를 이루는 과정에서 목표가 갖는 특별한 흡인력, 목표를 이루기 위해 요구되는 사항들은 사람의 행동을 단속하고 이끌게 된다. 또한 끊임없이 목표를 향해 거리를 좁혀 나갈 수 있게 한다.

작은 목표는 투지를 불러일으키지 않을 뿐 아니라 창조 능력을 발휘하는 데에도 악영향을 미친다. 게다가 작은 목표를 이루어 냈을 때의 성취감은 정신적인 욕구를 충족시켜 주지도 못한다. 목표가 존재의 가치를 잃어버리는 것이다.

그렇기 때문에 용기를 갖고 목표를 크게 잡는 게 중요하다.

꿈을 이루기 위해서는 꿈꾸는 용기가 필요하다

이상과 현실 사이에는 언제나 거리가 있다. 그렇기 때문에 꿈을 이루고자 하기보다는 줄곧 바라보고 바라기만 하기 쉽다. 이런 태도는 개인의 발전을 제한할 뿐 아니라, 꿈이 존재하는 이유를 잃게 만든다.

더욱 중요한 것은 꿈을 이루는 데에 필요한 적극성에 심각한 타격을 준다는 사실이다. 수많은 사람들이 꿈을 쫓다가 포기하고, 한평생 아무것도 바라지 않으면서 그저 평탄하게 살아가게 되는 원인이 여기에 있다.

꿈은 그 자체로는 아무런 의미도 없다. 그 꿈을 자신 안에 녹여 넣고 자신의 일부로 만들어야 비로소 꿈과 나 자신의 진정한 관계가 이루어지고 발전을 하게 된다. 뿐만 아니라 끊임없이 진보를 계속해 나가는 과정에서 그 꿈을 이루게 된다.

웬디 토마스Wendy Thomas는 미국 사람이라면 누구나 다 아는 이름이다. 모두가 이 이름을 알고 있고 깊은 인상을 가지고 있는 것은 웬디스 패스트푸드(웬디스Wendy's)와 창업자 데이빗 토마스David Thomas의 전설적인 일생 때문이다.

어렸을 때부터 햄버거를 좋아했던 토마스는 패스트푸드 업계에 뛰어들어 딸의 이름을 딴 '웬디스'를 창업했다. 당시 웬디스는 이름이 알려진 것도 아니었고 회사의 규모나 자본금에 있어서도 당대 패스트푸드 업계의 대세였던 맥도날드와는 비교도 되지 못했다.

그러나 토마스는 처음부터 누가 봐도 실현 불가능해 보이는 목표를 세웠다. 그의 목표는 맥도날드를 뛰어넘어 패스트푸드 업계의 새로운 강자가 되는 것이었다. 이 거대한 목표 아래 웬디스는 처음에 반짝 성과를 보이는 듯했지만 여전히 맥도날드를 뛰어넘을 만한 실력을 갖추지는 못했다. 그러나 토마스는 꿈을 포기하고 풍족한 생활에 젖어들지 않았다.

햄버거 업계에 대한 미국 농무성(USDA)의 조사가 이루어지면서 토마스는 중요한 전환점이 될 기회를 발견했다. 조사 결과, 맥도날드의 소고기 패티는 모두 4온스짜리라고 알려져 있지만 사실은 3온스짜리도 찾아보기 힘들다는 사실이 밝혀진 것이다.

웬디스는 곧바로 소고기 패티에 대해 떠들어대기 시작했다. 웬디스의 패티에서 소고기가 차지하는 함량이 맥도날드를 뛰어 넘는다고 말이다. 덕분에 웬디스는 비로소 시장에서 일정 수준의 점유율을 차지할 수 있게 되었다.

토마스는 이것이 큰 기회가 될 수 있다고 생각했다. 그래서 그는 스타를 광고 모델로 세우고 웬디스의 운명을 바꿀 광고를 만든다. 광고 내용은 다음과 같다.

한 까다로운 노부인이 식탁에 앉아 햄버거를 먹을 준비를 하고 있다. 탁자 위에 놓인 아주 커다란 햄버거를 보고 부인은 약간 흥분되기까지 했다. 그러나 막상 햄버거의 뚜껑을 열어 보니, 그 안에는 손톱만한 고기 패티가 들어 있었다. 노부인은 아주 열이 받아서 "고기가 어디 들어 있다는 거야?"라고 외친다.

누가 들어도 이 말은 맥도날드를 겨냥한 것이고 그것은 토마스가 의도한 것이라는 사실을 알 수 있었다. 당시 미국의 대중들은 맥도날드에 불만을 가지고 있었다. 토마스가 만든 광고는 사람들이 품고 있던 맥도날드에 대한 불만에 불을 질렀다. 그리고 웬디스는 점점 소비자들의 시선을 끌게 되었다.

토마스의 끊임없는 노력에 힘입어 1990년 웬디스는 3,200개의 체인점을 내고 39억 달러가 넘는 영업 수익을 올렸다. 그리하여 미국 패스트푸드 업계의 세 번째 강자로 올라선 것이다.

우리는 토마스의 이야기를 통해 사업 성공의 가장 큰 동력이 바로 그의 꿈이었다는 사실을 알 수 있다.

꿈은 토마스가 자신의 패스트푸드 사업을 발전시켜 나가도록 이끌었다. 그를 밀어주고 웬만해서는 오지 않을 기회를 놓치지 않고 잡아서 최종적으로 성공을 이룰 수 있게 해 주었다.

토마스의 성공담에서 우리는 다음과 같은 몇 가지 교훈을 추려 낼 수 있다.

첫째, 목표를 크게 잡을 것

웬디스 패스트푸드가 막 첫걸음을 떼던 때부터, 토마스는 맥도날드를 뛰어넘어 패스트푸드업계의 일인자가 되겠다는 목표를 세웠다. 이 목표는 실현이 불가능해 보이는 것이었지만 곤경을 헤쳐 나가며 토마스의 강력한 정신적 지지대가 되었다. 그리하여 그가 자신의 꿈을 지켜내고, 결국 사업을 성공할 수 있게 만들었다.

둘째, 목표를 이루는 데 집중할 것

토마스가 성공을 추구하는 과정에서 맥도날드에 문제가 생긴 그때, 토마스는 정확하게 그 기회를 포착하고 놓치지 않았다. 더욱이 효과적으로 자신의 강점을 드러내 소비자들의 물질적이고 정신적인 두 가지 측면의 욕구를 모두 충족시켰다. 그리고 더 나아가 소비자들이 자신의 체인점을 주목하게 만들었다.

목표를 이루는 데 집중하고 있었기 때문에 시시각각 목표를 이루기 위한 노력을 하고 있었고, 그 덕분에 기회를 놓치지 않을 수 있었던 것이다.

셋째, 좌절과 문제를 용감하게 직면할 것

성공을 추구하는 과정에서 토마스는 패스트푸드 업계의 최강자인 맥도날드와 맞붙을 수밖에 없었다. 덕분에 그는 상상조차 할 수 없을 만큼의 고난을 겪어야 했을 것이다. 그러나 만약 토마스가 그런 고난을 겪지 않았더라면 결코 성공을 이룰 수 없었을 것이다.

피징턴 법칙

― 목표가 동력을 만든다 ―

작업의 규칙과 목표를 정확하게 세우지 못하면 온전히 집중할 수 없어 그 일에 대한 자신감을 잃어버린다. 이것은 미국의 저명한 피징턴 형제 기업의 CEO인 알렉스 피징턴이 말한 피징턴 법칙이다. 피징턴 법칙은 개인의 행동에 대한 방향을 제시한다. 목표가 있어야 동력이 생기고, 목표가 없으면 동력도 없어지는 것이다.

목표의 시동력: 의식과 행동의 상호 촉진

발전을 이루고자 한다면 타인과 관계를 맺고 환경까지 바꿔야 한다. 목표 의식을 가져야 하는 것이다.

목표 의식은 개인이 목표를 정하고, 계획을 세우는 데 도움이 된다. 계획을 세운 다음에는 '하고 싶다'는 마음속의 바람을 합리적인 실천 과정으로 바꿔 준다.

목표를 세움으로써 '자아실현'의 욕구가 실현 가능한 행동으로 바뀌게 된다. 또한 적극적인 감정을 유지하면서 어떤 행위를 하고 그것을 지속하게 된다.

이를 통해 우리는 목표가 모든 사람의 '자아실현'의 욕구를 만족시켜 주는 근본적인 동력이 된다는 것을 알 수 있다. 이는 근본적으로 사람의 행동을 좌우하는 적극적인 감정이다. 적극적인 감정은 '자아실현'의 내용에 고민을 더해 최종적으로 그것을 실현하기 위한 실제적인 행동으로 이어진다.

의식적인 측면에서 자아의식은 개인의 발전을 촉진하는 근본적인 동력이다. 또한 '자아실현'은 자아의식의 주요한 내용이다. 목표를 세우고 그것을 완성하면서 '자아실현'이 자아의식에 미치는 촉진 작용을 강화하여 보다 합리적으로 행동하고 더 높은 효율을 낼 수 있도록 한다.

우리는 의식이 행동에 미치는 결정적인 작용에 대해 알고 있다. 어떤 의식을 가지고 있는지가 곧 어떤 행동을 할지를 결정한다. 동시에, 행동이 의식에 영향을 미치기도 한다. 행동 방식의 결과 갖게 되는 습관적인 생각은 충분히 의식을 자극할 수 있으며, 나아가 의식적인 상태를 만든다. 의식적인 상태는 어떤 관점, 태도 혹은 가치관 등으로 구체적으로 나타난다.

목표를 정한다는 것은 개인이 자기 발전을 이루고, 자아의식 가운데 '자아실현'의 욕구를 만족시키고, 발전의 방식을 정하는 것이다. 목표를 가진 사람은 행동과 의식 모두 목표가 이끄는 방향을 향하게 되며 상대적으로 적극적인 상태를 유지한다. 물론 외부 환경 등의 요인 때문에 목표에 대한 불신이나 거부감이 생기면 개인의 행동은 자연스럽게 소극적으로 바뀌게 된다. 그러면 결국 목표를 이룰 수 없게 되는 것이다.

의식과 행동의 적극성을 유지하는 것은 목표를 이루는 데 있어 가장 핵심적인 부분이다. 그러기 위해서는 무엇보다 자신에게 적합한 목표를 확립해야 한다. 자신을 '목표 있음'의 상태로 유지하는 것이다.

목표의 합리성에 대한 의식은 주로 다음 두 가지 측면을 통해 드러난다.

첫째, 목표는 '자아실현'의 의식적인 욕구를 반영할 수 있다.

여기에 목표에 대한 열의가 있는지가 달려 있다.

"높지 않은 목표는 목표가 아니다."

목표가 클수록 그것을 향해 달려 나가는 추진력도 더욱 커진다. 행동을 촉진하는 힘 또한 더욱 분명히 드러난다. 물론, 목표를 실현하기 위해서는 일정한 조건이 충족되어야 한다. 그렇지 않으면, 목표는 공상으로 변하고 효과적으로 행동으로 이어지지 못한다. 일단 이런 상황이 발생하면, 의식과 행동은 모두 소극적인 요인의 영향을 받게 된다. 만약 목표가 달성되지 못하면, 목표가 가져올 수 있는 의식과 추진력은 곧바로 떨어지게 된다.

둘째, 목표는 의식이 받아들일 수 있는 범위 안에 있어야 한다.

의식이 어떤 것을 받아들이는 능력에 관해 우리는 다음 두 가지 사항을 짚어 보아야 한다.

첫째, 목표가 개인의 의식에 위배되는 경우, 의식은 그것을 받아들일 방법이 없어서 소극적으로 돌아서게 될 가능성이 높다.

간단한 예를 하나 들어 보자.

미국에서 세 번째로 큰 패스트푸드 체인점인 웬디스는 성장하는 초기 단계에 이미 거대한 목표를 세워 두었다. 이를 통해 빛나는 성공을 이룰 수 있었던 것이다. 하지만 모든 사람이 그렇게 큰 목표가 주는 스트레스를 견딜 수 있는 것은 아니다. 일단 그 스트레스가 개인의 의식이 버틸 수 있는 범위를 넘어서면, 의식은 그것을 거부하고 부정하는 소극적인 태도를 만들어 낸다.

둘째, 의식적으로 자신을 움직이게 하는 힘은 행동이 수용할 수 있는 범위 안에 있어야 효과적으로 유지될 수 있다.

만약 어떤 사람이 400킬로그램짜리 물건을 들어 올리려 한다면, 그 는 아무리 노력을 해도 이 목표를 이룰 수 있는 방법이 없을 것이다. 목표를 세울 때는 그것이 얼마나 큰 의식적인 추진력을 가져올지에 더해, 행동이 그것을 받아들일 수 있는 범위를 고려해야 한다는 것이다.

목표가 촉발시키는 의식의 추진력이 실제적인 행동으로 이어지기 위해서는 의식과 행동의 상호 촉진이 전제되어야 한다.

만약 목표가 의식 혹은 행동의 수용 범위를 넘어선다면, 의식과 행동은 목표의 완성에 대해 소극적인 영향을 미치게 될 것이다. 그러면 목표를 이룰 수 없게 될 뿐 아니라, 목표에 대한 수용 능력과 민감도까지 떨어질 수 있다.

자신에게 합당한 목표 계획을 세우자

의식과 행동의 상호 작용이 목표를 향한 추진력에 미치는 영향에 대해 우리가 얻을 수 있는 한 가지 결론은 다음과 같다.

목표를 세우기 위한 전제 조건은, 목표가 개인의 의식과 관념의 수용 범위 내에 있어야 한다는 것이다.
가장 근본적인 '자아실현'의 의식 욕구를 출발점으로 삼아 목표를 실현시키고자 하는 적극적인 감정을 만들어 내야 한다. 그래야 의식이 효과적이고도 오래 유지되는 행동으로 옮겨가 최종적으로 목표를 실현할 수 있게 된다.
합리적인 목표 계획을 세우는 것은 성공을 이루는 데 아주 중요한 역할을 한다. 목표 계획을 세울 때는 다음 두 가지를 주의해야 한다.

첫째, 목표의 발전성
목표의 발전성이란 목표가 개인의 의식 관념의 범위 내에 있어야 한다는 사실을 가리킨다. 목표 계획을 세우는 동시에, 의식 관념을 유지하고 발전시켜야 한다. 그래야만 목표를 실현하는 과정에서 오는 스트레스를 효과적으로 동력으로 바꿔 목표에 대한 적극적인 추진력을 얻을 수 있다.
또한 목표에 대한 계획은 발전적일 때 비로소 계획으로서의 가치를 갖는다. 어떤 목표의 구역 내에 국한되어 있는 자아 발전은 필연적으로 효과가 떨어지기 마련이다.

둘째, 목표와 외부 세계의 상호 작용

근본적으로 개인이 세우는 목표는 눈앞의 상황을 바꾸기 위한 것이며, 자신의 발전을 위한 현실적인 조건을 만들어 내기 위한 것이다. 이 과정에서 개인은 끊임없이 외부의 장애 요소를 제거하고, 환경을 바꾸고, 조건을 만들어 내는 능력을 길러야 한다. 그렇게 해서 마지막으로 발전을 통해 목표를 실현하게 된다.

한 개인이 얼마나 큰 능력을 가지고 있는지는 그가 자신의 환경을 바꿔 내는 능력에 의해 결정된다. 일단 온힘을 다해 현실의 환경을 바꾸기 시작한다면, 그것은 자기 발전에 영향을 미치게 된다. 환경을 바꾸고자 한다면, 가장 먼저 스스로를 변화시키는 것에서 출발해야 한다. 그래야 끊임없는 축적과 발전의 과정을 통해 점차적으로 환경을 바꾸는 능력을 갖게 된다.

목표는 개인의 발전에 방향과 방법을 제시할 뿐 아니라, 현재 상황과 외부 조건을 어떻게 변화시켜야 하는지를 알려줌으로써, 자신의 능력을 끊임없이 끌어올리고 더욱 발전적인 루트를 발견할 수 있게 한다.

로크 Locke 의 법칙

— 어떻게 목표를 설정할 것인가? —

목표는 미래 지향적이고 도전성을 갖추고 있어야 그 다음에 이어지는 행동이 집중력 있고 효과적인 것이 된다. 그렇지 않으면 행동은 아무런 가치도 없다. 이것이 바로 로크의 법칙이다. 이 법칙은 목표가 갖춰야 할 특성이 무엇인지를 제시하고 있다.

목표는 바로 '농구 골대'이다

로크의 법칙이 말하는 것은, 목표는 반드시 도전성을 갖춰야 한다는 것이다. 도전성은 마치 농구 골대처럼 어느만큼의 높이를 가지고 있어야 한다.

농구가 전 세계 사람들의 사랑을 받는 운동이 된 이유는 농구 골대의 높이가 지나치게 높지도 낮지도 않다는 데 있다. 그렇기 때문에 많은 사람들이 농구를 즐길 수 있는 것이다.

농구 골대는 '한 번 뛰어오르면 닿을 수 있는' 높이에 있다. 이는 사람의 투지를 불러일으킬 뿐 아니라, 동시에 도전적이다. 이 정도의 높이는 자아를 초월하고 자아를 실현하는 것 사이의 거리를 좁혀 준다. 그래서 사람들로 하여금 '뛰어오르고자' 하는 욕망을 끌어내게 하는 것이다.

바로 이런 이유에서 로크의 법칙은 농구 골대 원리라고 불리기도 한다.

로크의 법칙은 먼저 목표가 사람을 끌어당기는 힘이 있다는 사실을 인정한다.

목표를 세우는 것은 정서와 의지를 효과적으로 끌어올리는 방법 중의 하나이다. 개인은 목표를 세우고 자신의 계획을 진행하는 과정을 통해, 또 목표를 실현함으로써 자신의 가치를 인정하고 성취감을 얻으며 나아가 의식적인 측면에서 '자아실현'의 욕구를 만족시킨다.

또한 로크의 법칙은 목표가 개인의 발전에 장애 요소로 작용할 수도 있다는 점을 인정한다.
개인의 발전에 장애가 되는 목표에는 다음 세 가지 경우가 있다.

첫째, 지나치게 높이 설정된 목표

현실적인 조건을 뛰어넘어 너무 높게 책정된 목표는 그것을 실현하는 과정에서 거듭해서 좌절을 겪게 만든다. 이는 개인의 자신감에 영향을 미칠 뿐 아니라, 좌절에서 오는 패배감으로 인해 문제를 객관적으로 마주할 수 없게 만든다. 개인의 능력과 문제에 대처하는 능력 모두 부정적인 영향을 받게 되는 것이다.
잇따른 좌절은 개인의 자신감에 직접적인 영향을 미친다. 사람들이 실패를 두려워하는 이유는 실패가 좌절감을 안겨 주기 때문이다. 좌절감은 '자기 부정'을 가져오고, 근본적으로 발전 동력을 잃어버리게 한다.

둘째, 지나치게 낮게 설정된 목표

이는 좌절과 고난을 피하고 싶어 하는 태도에서 비롯된다. 개인의 자아의식이 고난과 좌절을 받아들이는 능력에는 한계가 있고, 좌절이 '자신감 없는 상태'를 만들어 낸다는 사실 때문에 좌절과 고난을 피하고자 하게 된다. 이런 상황이 만들어지는 것을 막기 위해 우리는 종종 목표를 낮은 높이에 고정시켜 둔다. 그러면 크게 노력하지 않고서도 목표를 이룰 수 있으니 좌절감을 맛볼 필요가 없어지는 것이다.

그러나 목표가 낮으면 그것을 달성했을 때의 가치 역시 그만큼 낮아진다. 목표의 설정은 개인의 발전을 이루는 데 목적이 있다. 지나치게 낮은 목표는 사람을 어떤 목표든 순조롭게 달성되는 상태에 놓여 있게 한다. 결과적으로 능력이 최초의 상태에 그대로 머물러 있게 되는 것이다. 이는 소극적인 자기 소모나 마찬가지다. 지나치게 낮게 설정된 목표는 발전에 도움이 되지 않기 때문에 그 존재 가치를 잃어버리게 된다. 목표를 이뤘다고 할지라도 성취감을 얻을 수 없게 된다. 또한 이런 식의 자기 속에서 앞으로 나아가고자 하는 동력 역시 그만큼 사라지게 된다.

셋째, 불명확한 목표

목표를 세울 때, 그 목표를 실현하는 과정에서 일어날 수 있는 모든 문제를 예상하는 것은 불가능하다. 그러므로 목표를 세울 때는 그것을 실현하는 데 영향을 미칠 수 있는 각종 불안정한 요인들을 충분히 고려해야 한다. 뿐만 아니라 이런 요인들을 자신 통제 범위 안에 두어야 한다. 이것을 소홀히 하면 목표를 이루는 과정에서 분명 애를 먹게 된다.

문제와 좌절은 쌓일수록 더욱 많아지는 법이다. 그렇게 되면 목표를 실현하고자 하는 추진력에 심각한 영향을 받게 된다. 목표를 실행에 옮기는 과정이 문제와 좌절로 가득하고, 목표를 명확하게 설정하지 않았기 때문에 이런 상황이 초래되었다는 사실을 알게 되면, 목표를 이루어 나가는 과정에서 막막해진다. 분명하고 명확한 목표만이 진정으로 개인의 행동에 방향성을 제시할 수 있다. 이런 목표만이 개인이 목표를 완성하는 과정에서 자신의 강점과 부족한 점을 발견할 수 있게 해 주고, 강점을 키우고 부족한 부분을 보완해 발전을 이룰 수 있게 해 준다.

목표가 명확하지 못하게 되는 데는 두 가지 원인이 있다.

하나는 개인이 합리적으로 장기 목표에 대해 단계적인 계획을 세우지 않았거나 혹은 세웠더라도 그것이 불명확한 경우이다. 이런 경우 우리는 중간 단계에서 주도권을 잃어버리고 전체 계획에 대한 장악력을 잃게 되기 쉽다.

다른 하나는 목표의 발전 전략을 명확하게 세워두지 않은 경우이다.

우리는 자신의 능력과 외부의 조건에 근거해서 목표를 이룬다. 발전 전략을 세운다는 것은 그 과정에서 발생할 수 있는 문제에 대해 효과적으로 예측하고 준비하는 것을 뜻한다.

'기회는 준비된 사람에게 찾아온다.'

이 말이 바로 그런 뜻이다.

목표를 완성하는 과정에서 부딪히게 되는 여러 가지 문제와 좌절이 모두 예상 밖의 것이라면, 당신은 발전 과정에서 방향을 잃어버리고 효과적으로 발전하지 못하게 되고 말 것이다.

장기 목표를 나눠서 한 걸음씩 성장해 나가자

앞에서 우리는 목표를 세울 때 지나치게 눈이 높아서는 안 된다는 사실을 짚어 보았다. 목표가 자신의 능력 범위를 벗어나 실현할 방법이 없을 때 사람은 발전에 대해 부정적으로 변하기 쉽다. 만약 당신이 거대한 목표를 세워 놓고 눈앞의 현실을 무시한 채 터무니없이 한 걸음에 하늘에 오르고자 한다면, 그 목표는 자연히 부정적인 것으로 변하게 된다.

발전하고자 한다면 거대한 목표를 세워야 한다. 하지만 거대한 목표를 흔히 장기 목표라고 이야기하는 것은 그것이 짧은 시간 안에 달성될 수 없는 것이기 때문이다. 한 걸음에 산을 오를 수 없고, 단번에 모든 것을 이루어 낼 수는 없는 것이다.

예를 들어 바닥에서 10미터 높이까지 뛰어오르라고 한다면 아무도 그것을 해낼 수 없다. 그러나 인간은 10미터 높이의 계단을 만들 수는 있다. 그 계단의 꼭대기에 오르면 결국 10미터의 높이에 서 있게 되는 것이다. 비록 이것이 뛰어오르는 방법을 통해 이룬 것은 아니지만, 결과는 마찬가지가 된다.

'모든 길은 로마로 통한다.'
성공에는 한 가지 방법만 있는 것은 아니다. 한 걸음 한 걸음 현실의 문제를 해결해 나가는 과정을 통해 차츰 능력이 길러지고 목표를 실현시킬 수 있는 조건이 만들어져 결국 목표를 이루게 된다. 그렇게 해서 어느 순간 줄곧 다다를 수 목표라고 생각했던 지점에 도달해 있는 자신을 발견하게 될 것이다.
이는 순전히 목표를 나누어 실천한 덕분에 얻어지는 결과이다.

원대한 목표를 세우고 그것을 이루지 못하는 근본 원인은 목표를 합리적 계획에 따라 단계적으로 나누지 못했기 때문이다. 그러고는 터무니없이 한 걸음에 산꼭대기에 오르고, 단번에 모든 것을 이루어 내고자 했기 때문이다.

목표를 실현하는 과정에서는 언제나 최종적인 목표에 시야를 두어야 한다. 그리고 현실적인 문제를 온힘을 다해 행동으로 해결해야 한다. 각각의 단계에서 '뛰어오를 수 있는' 높이 정도의 목표를 설정한 다음 단계적으로 그 목표를 이루면서 한 걸음씩 최종 목표에 접근해 나가는 것이다.

한 번 뛰어오르는 것은 어렵지 않다. 게다가 어느 정도의 높이까지는 뛰어오를 수 있다. 하지만 왜 많은 사람들이 '한 번 뛰어올라 보고' 곧 포기해 버리는 걸까? 이유는 아주 간단하다. 대다수의 사람들이 모두 일정한 목표치만큼의 높이를 뛰어 본 적이 없기 때문이고, 혹은 수차례 뛰어 봤지만 여전히 똑같은 높이에 머물러 있기 때문이다.

이것을 좀 더 면밀히 살펴보면 다음 두 가지 사실이 이 과정에서 중요한 영향을 미친다는 것을 알 수 있다.

첫째, '한 번 뛰어 보는' 경험이 쌓이지 않으면, 결국 같은 높이에 머물러 있게 된다.

사람들이 성공할 수 없는 이유, 혹은 한계를 넘어서는 발전을 이룰 수 없는 근본적인 원인은 그런 경험들이 쌓여 있지 않기 때문이다. 최종적인 목표를 이루기 위해서는 개인의 능력을 발전시키는 것이 아주 중요하다. 그러나 더욱 큰 가치를 가지는 또 다른 측면이 있는데, 그것은 외부 환경과 조건의 축적이다. 능력이 아무리 강해진다고 해도, 적당한 높이의 받침대가 없으면 최종적인 높이에 다다를 방법이 없다. 한 번에 100미터 높이의 계단 꼭대기에 오를 수는 없다. 한 걸음씩 뛰어올라야만 끝에 가서 100미터에 다다를 수 있는 것이다.

"쌓여 있는 것이 없다"는 말은 매번 뛰어오를 때마다 똑같은 계단 위에서 뛰어오르고 그 다음 계단으로 올라가지 않는다는 것

을 뜻한다. 비록 도약 능력이 높아졌다고 할지라도 그런 식으로
는 100미터 높이를 오르는 데 전혀 도움이 되지 않는다.

간단히 말해서, 목표를 이루는 과정에서 개인은 자신의 능력을
끌어올리는 데 집중해야 할 뿐 아니라, 끊임없이 외부 조건을 쌓
아 나가야 한다. 능력의 향상은 계단을 오르는 것과 같다. 능력
이 아무리 높아져도 한 번에 100미터 높이를 뛰어오르게 될 수
는 없다. 먼저 도약할 수 있는 계단을 만들고, 한 걸음씩 위로 뛰
어올라야 최종적으로 목표에 다다를 수 있다. 이렇게 해야 도약
이 진정으로 의미가 있다.

둘째, 목표에 대한 집중력을 잃어버리면 개인의 발전
이 방향을 잃게 된다.

목표를 이루는 과정에는 곳곳에 도전해야 할 장애 요소와 기회
가 널려 있다. 장애 요소는 투지를 강화시키는 반면 기회는 더
많은 선택지를 준다.

장애 요소에 직면했을 때 대다수 사람들은 의지가 굳건하지 못
해 최종 목표에 대한 집중을 소홀히 하게 된다. 기회 또한 마찬
가지다. 기회를 만나도 개인의 능력과 외적 조건이 그것을 받아
들일 준비가 되어 있지 못할 경우 오히려 해가 될 수도 있다. 기
회를 만나 더 높은 곳을 향해 시선을 돌리지만 기초가 튼튼하지
못해 스스로 무너져 버릴 가능성이 커지기 때문이다.

우리는 종종 '천재일우千載一遇(「천 년에 한 번 만난다」는 뜻으로, 좀

처럼 얻기 어려운 좋은 기회를 뜻함)'라는 말을 한다. 그것은 주로 뜻이 잘 맞는 조력자를 만나거나 다른 사람의 큰 도움을 받았음을 뜻한다. '천재일우'의 등장은 개인의 기초를 더욱 튼튼하게 하고, 능력을 끌어올리고, 최종 목표를 이루는 과정에서 비약을 가져오게 한다.

그러나 이런 '천재일우'는 개인의 최종적인 목표에 근거해서 존재한다. 최종 목표와 관계가 없는 기회로 인해 목표에 동요가 생긴다면 그것은 성공을 눈앞에 두고 산통을 깨는 일이다. 그러면 절대 최종적인 목표를 이룰 수 없다. 발전 과정에서 개인은 최종적인 목표가 무엇인지에 집중하고, 행동 또한 단계적인 목표를 이루는 데 도움이 되는 일에 집중해야 한다. 이런 것들이 차곡차곡 쌓여야 효과적으로 발전할 수 있다.

최종 목표를 이룰 수 있게 하기 위해서는 도전성, 방향성, 일치성의 세 가지 조건을 갖추고 있어야 한다.

도전성과 방향성은 이해하기 쉽다. 목표에 대해 이야기하는 많은 책에서 모두 이에 대한 해석을 찾아볼 수 있다. 그러나 보다 중요한 것은 목표의 일치성이다.

도전성은 개인의 투지를 일깨울 수 있고, 방향성은 개인이 정확한 방향으로 발전할 수 있게 한다. 일치성은 어느 하나를 굳건히 지켜나가는 것을 의미한다. 개인은 발전 과정 속에서 최종 목표에 충실해야 하며 이른바 '좋은 기회'라고 하는 것들에 미혹되지 않아야 한다. 이것이야말로 가장 중요한 것이다.

블리스Bliss 법칙

― 효율을 높이는 방식 ―

비교적 많은 시간을 들여 작업에 대해 상세한 계획을 세운다면 그 일을 마치는 데 걸리는 전체 시간은 줄어든다. 블리스 법칙은 작업의 효율성을 높이는 방법에 대해 이야기한다. 분명한 계획은 개인의 작업 과정을 더욱 일관성 있게 만든다. 합리성에 따라 일의 순서를 정하면 일의 과정을 전체적으로 파악할 수 있고, 각각의 항목이 얼마만큼의 시간을 차지하는지 알 수 있게 된다. 그럼으로써 작업의 효율이 근본적으로 높아지게 된다.

계획 세우기 4단계

일의 성패를 좌우하는 수많은 요인들이 있다. 그 요인들은 크게 두 가지로 나눠볼 수 있다.

하나는 개인이 가지고 있는 문제 해결 능력이다.

스스로의 능력을 발전시키는 것은 현실 문제를 해결하는 근본적인 방법이자, 일의 성패를 가르는 중요한 관건이 된다.

예를 들어, 가공 생산 업무를 하는 직원에게 관리 부문의 문제를 해결하라고 한다면 그는 갈피를 잡지 못할 것이다. 문제는 제대로 해결되지 못할 것이고, 일은 돌이킬 수 없는 국면으로 나아갈 가능성이 높다.

또한 일을 하는 과정에서 예상치 못한 외부 상황이 발생할 수도 있다. 일을 하는 중간과정에서 생길 수 있는 오류를 잘 예측할 수 있다면, 각 단계에서 만나게 되는 어려운 문제들을 쉽게 해결할 수 있다. 이것은 일의 진전에 막대한 영향을 미치는 것이다.

예컨대 사막 여행을 즐기는 사람이 사막을 여행하다가 자동차가 고장이 나거나 혹은 기름이 떨어지는 일이 생길 수 있다. 사전에 미리 자동차의 기름을 충분히 준비하거나 수리에 필요한 공구들을 갖춰 두지 않았다면 그의 자동차는 사막 가운데로 계속 나아갈 수 없을 것이다.

일을 완성시키는 데는 분석 단계, 준비 단계, 처리 단계, 보완 단계의 4가지 단계를 거치게 된다.

먼저, 분석 단계이다.

우리는 문제에 대한 합리적인 분석을 통해, 효과적으로 작업을 완성하는 과정을 안배할 수 있다. 각 단계에서 발생할 수 있는 문제들을 예상하고, 미리 준비를 잘해 두는 것이다. 분석 단계는 작업의 효율을 높이는 중요한 작용을 한다. 분석은 사안을 예측한다는 측면에서 일의 발전 방향을 가늠하는 효과적인 잣대가 된다. 또한 눈앞의 현실적인 측면에서는 앞으로 발생할 가능성이 있는 문제들에 대해 적극적인 준비를 하게 만드는 역할을 한다. 분석 단계는 최종적인 작업의 성패에 절대적으로 중요한 영향을 미치게 된다.

준비 단계는 이전 단계에서의 합리적인 분석에 근거하여 그에 맞는 준비를 하는 것이다.

처리 단계는 작업 과정에서 나타난 문제들을 해결함으로써, 작업을 최종적으로 순조롭게 완성시키는 과정이다. 그것은 분석단계에서 이루어진 합리적인 분석의 기초 위에 세워진다.

보완 단계는 부족한 부분을 채워 넣는 단계이다.

많은 경우 이 단계가 아주 중요한 의미를 가진다. 보완 단계에서 개인은 작업 과정에서 나타난 뜻밖의 일들을 합리적으로 처리하고, 분석 과정에서 나타났던 각종 문제들을 마무리 짓는다. 또한 전체 작업 과정을 종합해서 경험적인 교훈을 얻어내고, 자신의 능력에 대해 개선이 필요한 점을 짚어볼 수도 있다. 그렇게 해서 다음 작업의 분석 단계에 합리적인 근거를 만드는 것이다.

일을 완성하는 4단계는 서로 보완하고 도움을 주며 상호 영향을 미친다. 분석 단계는 준비 단계에 근거를 제공하고, 나아가 처리 단계에서 작업의 효율에 영향을 미친다. 준비 단계는 처리 단계에 물리적인 조건과 방법을 제공한다. 처리 단계는 분석 단계의 합리성을 반영하여 보완 단계에 더욱 가치 있는 참고점이 된다. 보완 단계는 그 다음 작업의 분석 단계에 합리성과 정확성을 더해 주고 개인이 문제를 처리하고 일을 완성하는 능력을 높여준다. 모든 작업 과정의 수준을 한 차원 높여 주는 것이다.

이 과정을 통해 우리는 준비 단계가 작업의 성패를 판가름한다는 사실을 알 수 있다.
예를 들어 여행자가 사막에 들어서기 전에 충분한 준비를 해 두지 않았다면, 열악한 사막의 환경 속에서 각종 재난에 휩쓸리게 될 것이다.
분석 단계는 준비 단계에 직접적인 영향을 미칠 수 있다. 예컨대 여행자가 사막 여행에서 물과 식량의 중요성에 대해 의식하고 있지 않았다면, 그는 준비 단계에서 물과 식량에 대해 충분한 대비를 하지 않았을 것이다. 그렇기 때문에 일의 성패는 분석 단계에 달려 있다고 이야기할 수 있다. 소위 성공과 실패라고 하는 것은 '생각 한 끗 차이'라 말할 수 있는 것이다.

미국의 한 심리학자가 다음과 같은 실험을 해 보았다.

먼저 실험에 참가한 학생들을 3개의 그룹으로 나누어 각기 다른 방식으로 슛 하는 기술을 훈련시켰다. 첫 번째 조의 학생들은 일반적인 훈련을 받았다. 날마다 정해진 숫자만큼 공을 던지게 한 것이다. 그리고는 첫 번째 조 학생들의 첫 날과 마지막 날 성적을 참고 결과로 기록했다. 두 번째 조는 일의 실험 과정에서 어떤 훈련도 받지 않았다. 과학자들은 그들의 첫날과 일 뒤의 성적을 똑같이 기록했다. 세 번째 조는 먼저 머릿속으로 공을 던지는 상상을 하게 했다. 그 다음에 실제로 공을 던지게 했다. 만약 공이 들어가지 않으면, 방법을 어떻게 바꿔야 공이 골대에 제대로 들어갈 수 있을지를 상상하게 했다. 그리고는 세 번째 조에 대해서도 똑같이 첫날과 마지막 날의 공 던지기 성적을 기록했다.

실험 결과는 다음과 같았다.

첫 번째 조의 경우 훈련을 통해 공이 들어간 수가 24% 늘었다. 어떤 훈련도 받지 않은 두 번째 조는 전체 공 던지기 성적에 아무런 진전도 없었다. 그러나 공을 던지기 전에 미리 상상을 하게 했던 세 번째 조의 경우 공이 들어간 수가 26% 증가했다.

이 실험은 최종 목표를 이루기 위해 계획이 가지는 중요성을 일깨워 준다.

합리적이고 과학적인 계획을 세울 수 있는지가 일의
성패와 직결되어 있는 것이다.

생각은 행동으로 실현하자

사물에 대한 관심과 애정은 강렬한 행동력을 불러일으킨다. 좋아하는 마음은 사람의 마음속에서 가장 큰 암시의 근원이 되어 생각을 실제 행동으로 옮기게 만든다. 일의 발전을 개인의 내적 욕구와 걸맞게 만드는 것이다.

우리는 줄곧 "당신이 좋아하는 일을 하라"는 말을 들어왔고 다른 사람들에게 하기도 한다. 어떤 영역에서 큰 성공을 이룬 기업가, 과학자나 그 밖의 다른 성공한 사람들은 자신들의 생각의 근원에 일에 대한 열정과 사랑이 들어 있음을 숨기지 않는다.

좋아하는 일이 있다는 것은 개인의 계획에 기초가 된다. 이런 계획만이 행동에 충분한 동력을 제공한다. 자신이 하고 있는 일을 좋아하면 그것은 강력한 자기 암시가 된다. 개인의 행동을 보다 창조적으로 만들고 행동이 적극적인 결과로 나아갈 수 있도록 하고, 개인의 일에 대한 애정을 더욱 키워준다. 이로 인해 더욱 강력한 자기 암시가 만들어지는 것이다.

자기암시는 사실 일종의 '생각 워밍업'이다.

기업의 경우 이런 '생각 워밍업'은 항상 긍정적인 영향을 불러일으킨다. 예를 들어 기업의 계열사는 본사의 통화 인플레이션과 같은 경제적 요인들에 대한 분석에 근거해 관련된 전략 계획을 세운다. 계열사의 발전이 본사의 요구에 더 잘 부합되게 하여 장기간의 발전을 이루기 위해서이다.

기업에서 비정기적으로 열리는 구성원 대회, 구성원 단합회의, 임원 보고대회 등은 모두 '생각 워밍업'의 표현이다. 생각 워밍업은 직원들의 일에 대한 열정을 불러일으켜 일상의 작업에 적극적으로 임하게 함으로써 기업의 이윤을 만들어 내는 데에 중대한 영향을 미친다.

그러나 개인이 생각을 행동으로 옮기기 위해서는 계획을 세우는 것이 필요하다. 계획은 생각을 겉으로 드러내는 것이다. 모호한 방향성이 합리적인 계획으로 바뀌면 행동으로 이어진다.

예를 들어, 직원 하나가 일에 대해 굉장히 독특한 자신만의 관점을 가지고 있다고 하자. 그러나 환상 속에만 빠져 산다면 자신의 생각을 실제적인 행동으로 바꾸고 실질적인 결과물은 내놓을 수는 없다. 우리는 흔히 이런 사람들을 '공상가'라고 부른다. 그러나 실천하는 것만을 중요하게 여겨서 일의 진행에 대해 합리적인 분석을 하지 않고, 계획을 더욱 세밀하게 다듬는 것에 주의를 기울이지 않으면, 개인의 행동은 오히려 문제를 더 풀기 어렵게 만들어 버린다. 혹은 행동이 불러온 결과와 개인이 예상했던 결과가 크게 어긋날 수 있다. 이런 사람은 소위 '실천가'라고 불린다. '공상가'든 '실천가'든 그들은 모두 생각과 행동에 대해 한쪽으로 치우치고 비합리적인 인식을 가지고 있다.

개인이 생각을 효과적으로 바꾸고, 행동은 생각하는 힘을 불러일으키는 것이어야만 최종적인 문제를 해결할 수 있다.

합리적인 계획 세우기

합리적인 계획을 세우기 위해서는 다음과 같은 것들을 주의해야 한다.

첫째, 계획은 현실에 기초한 것이어야 한다.

현실을 벗어난 생각은 현실의 장벽에 가로막히기 쉽다. 그러면 현실의 버팀목을 잃어버리고, 계획은 '공상'으로 변해 버릴 뿐이다.

둘째, 계획은 합리적이고 과학적이어야 한다.

과학적 합리주의에 따른 계획은 일을 완성하는 데 걸리는 시간을 단축시켜 준다. 또한 작업의 효율을 높이고, 동시에 돌발 상황이 발생하는 것을 효과적으로 피할 수 있다. 이를 통해 일이 순조롭게 진행될 수 있고, 작업 시간을 단축하고 다른 문제가 파생되는 것을 막을 수 있는 것이다.

셋째, 계획은 상세하고 확실하며 정교하게 짜여야 한다.

상세하고 확실한 계획을 세우기 위해서는, 일과 관련된 모든 부분에서 문제가 발생할 수 있다는 사실을 인식하고 있어야 한다. 계획 속에 문제를 처리하는 방식이 들어 있어야 효과적으로 작업 효율을 높일 수 있다. 동시에 계획은 정교하고 상세해야 한다. 이는 일을 처리하는 방법뿐 아니라, 개인의 정신 상태를 보여 준다. 개인이 세심하고 진지한 마음가짐으로 일을 대할 때, 수많은 문제들을 피할 확률이 높아진다.

넷째, 계획은 하나의 목표를 이루는 것을 기준으로 삼아야 한다.

목표의 분산은 계획을 행동으로 옮기는 과정에서 가장 흔히 발생하는 문제다. 계획을 세울 때 문제를 종합적으로 고려하여 동일한 방향으로 나아가지 않으면 목표를 순조롭게 이룰 수 없다. 계획은 개인의 발전에 관해 일종의 가이드 역할을 하는 설계도라고 할 수 있다. 일을 시작하기에 앞서, 필연적으로 발생하는 일이나 일어날 가능성이 있는 상황에 대해 적극적으로 대처하고 준비를 하는 것은 일의 발전을 자신의 능력이 통제할 수 있는 범위 안에 둘 수 있게 한다.

합리적인 계획은 개인의 발전 과정에서 또 다른 발전 방식을 제공한다. 개인이 발전을 이루고자 한다면, 먼저 발전의 가능성과 통제 가능성 등의 요소에 대해 합리적인 계산을 해야 한다. 그런 다음 자신의 발전을 합리적인 계획으로 만들어 앞으로 나아갈 방향을 가늠한다. 그렇게 해야 발전의 효율성을 높일 수 있다.

디스Dis 충고

― 오늘은 오늘의 일만 할 것 ―

어제는 이미 지나갔다. 미래에 대한 생각도 잠시 멈추자.
중요한 것은 지금 이 순간을 붙잡고 오늘의 일을 잘해 내는 것이라
는 게 디스 충고이다.

어제를 교훈 삼아 오늘에 집중해야
내일을 손에 넣을 수 있다

현재에 집중하라!

모든 시간을 오늘의 발전에 쏟아 부어 눈앞의 일을 제대로 해내자! 과거는 단지 당신이 살아있다는 '증거'일 뿐이다. 과거의 가치는 경험과 교훈이 쌓여 미래를 완성하는 데 도움이 된다는데 있다. 과거는 아쉬워하거나 후회하기 위한 것이 아니다. 필요한 순간에 참고하기 위해 꺼내서 그 안에서 교훈을 뽑아내 경험으로 만들 때에 비로소 과거는 가치가 있다.

당신이 실패를 향해 나아가든 혹은 어떻게 성공을 얻게 되었든 어제를 돌아보면 그 답을 찾을 수 있다.

어제는 소중한 경험과 함께 더욱 분명한 발전 방향을 제시해 준다. 당신의 생활 방식, 발전 상황, 문제와 성취 모두 어제에 의해 기록되어 그 다음 발전의 동력이 된다.

그렇다면 우리는 어떤 태도를 지녀야 어제를 제대로 마주하고, 현재에 집중하면서 자기 발전을 이룰 수 있을까?

첫째, 어제를 되돌아보면서 자신의 부족한 점과 강점

이 무엇인지를 정확히 파악해야 한다.

당신은 어째서 실패를 한 뒤에 줄곧 부정적인 상태를 벗어나지 못하고 있는 것인가? 그 답은 과거의 태도나 행동이 오늘까지 줄곧 이어져 왔다는 데에 있다.

지금 당신은 어떻게 성공을 이루게 되었고 삶의 태도 또한 이렇게 긍정적일 수 있는 것인가? 그것은 당신이 끊임없이 과거의 긍정적인 감정의 영향을 받았기 때문이다.

지금 이 순간 성공할 수 있는 것은 끊임없이 과거의 경험에서 교훈을 끌어온 덕분이다. 마찬가지로 현재의 실패의 원인은 과거에 실패한 방식을 그대로 끌어온 것에 있다.

간단히 말해, 개인은 과거의 경험을 교훈으로 삼을 때만 스스로의 결함과 강점을 발견해 오늘의 성공을 이룰 수 있다.

둘째, 어제를 포용할 수 있어야 오늘을 정확하게 마주할 수 있다.

어제는 이미 과거가 되었다. 실패를 했든, 성공을 했든 어떻게 해도 돌이킬 방법은 없다.

사람은 어제를 포용해야 비로소 오늘을 더 잘 마주할 수 있다. 과거의 기억에만 파묻혀 산다면, 오늘 또한 과거의 연속선상에 놓이게 되고 영원히 발전을 이룰 수 없으며 성공할 수도 없다.

어제를 받아들이는 것은 적극적인 태도이다. 어제의 교훈을 받아들이고 오늘의 노력을 통해 자신의 모습을 달라지게 만들면,

발전은 시간이 흘러감에 따라 저절로 이루어질 것이다. 그러면서 끊임없이 성장하게 된다.

현재에 있어 미래가 가지는 가치는 다음과 같다.

첫째, 미래는 오늘에 대한 가장 객관적이고 진실한 지표이다.

미래는 일종의 구체적이고 객관적이며 진실한 존재다. 개인은 과거에 대한 정리와 현재에 대한 집중을 통해 미래의 발전 방향과 방식을 명확히 할 수 있다. 앞으로의 삶을 지시하는 역할은 명확한 미래의 목표가 확립되어 있을 때만 효과적으로 실현 가능하다. 모호하고 명확하지 않은 미래는 아무런 의미도 없다. 그것은 개인의 발전에 어떤 긍정적인 작용도 하지 않을 뿐 아니라 오히려 발전의 방향을 잃어버리게 하고 성공의 궤도에서 멀어지게 만든다.

둘째, 미래를 인정해야 한다.

미래를 인정하는 가장 좋은 방법은 오늘의 행동을 통해 내일의 발전을 이루는 것이다.

이 이치는 아주 간단하다. 예를 들어 당신이 무언가를 인정한다면 어떻게 행동할 것인가. 어떤 것에 근거해서 오늘을 살아갈 때에야 그것을 가장 크게 인정하고 있다고 말할 수 있다. 미래를 인정하는 가장 좋은 방식은 현재의 행동을 통해 미래에 긍정적인 영향을 미치고 성공적인 미래를 만들어 내는 것이다. 어제의 경험을 흡수해서 오늘의 상황을 이해한 뒤 나아가 내일의 발전 목표를 명확히 한다면, 이 순간 당신이 해야 할 일은 오직 그대로 나아가 행동하기 시작하는 것이다. 움직이기만 하면 미래를 성취할 수 있다.

어제와 내일의 의의는 모두 오늘의 행동을 통해 드러난다. 다시 말해 어제와 내일을 적극적인 마음가짐으로 마주해야 비로소 오늘의 발전을 이룰 수 있는 것이다.

오늘은 우리가 진실하게 마주할 수 있는 유일한 시간이다

긍정적인 마음으로 오늘을 마주해야 오늘의 시간을 효과적으로 이용할 수 있다. 오늘을 마주하는 태도는 곧 그의 정신이 가진 시야의 경계와 능력을 보여 준다. 오늘을 마주해야 어제의 영향에서 벗어날 수 있고, 미래에 대한 환상에 빠지는 것을 피할 수 있다.

그렇다면 오늘을 마주할 때 어떤 마음가짐을 가져야 긍정적인 마음이라고 할 수 있을까?

첫째, 긴박감을 가져야 한다.

오늘 당신에게는 딱 24시간밖에 주어지지 않는다. 오늘의 일은 오늘 끝낸다. 이 말은 긴박감이란 무엇인지 가장 잘 설명해 준다. 긴박감은 합리적으로 오늘의 일과 삶의 계획을 세우고 하루의 시간을 활용하는 것을 도와 그날에 하기로 정해져 있던 임무를 완성할 수 있게 해 준다. 일을 완성해 능력을 끌어올리는 동안 삶 또한 시간의 긴박감 때문에 혼란스럽게 변하지 않는다. 만약 일이나 임무를 완성하는 것이 삶에 대한 분명한 태도를 잃어버리게 해서 삶이 엉망으로 변한다면 발전은 그 의미를 잃어버리게 된다. 일과 발전에 눈이 멀게 되면 도리어 제대로 발전할 수 없다.

둘째, 그날의 목표를 분명히 세워야 한다.

목표가 발전에 대해 가지는 영향력은 어마어마하다. 목표는 개인의 발전 방향을 가리킬 뿐 아니라, 구체적인 조치와 방식으로 바뀐다. 목표는 하루하루의 작업 진행 과정을 촉진함으로써 우리를 발전하게 한다. 이것은 효과적이고 객관적인 발전의 방식이다.

원대한 목표는 각각의 작은 목표로 나눌 수 있다. 이를 통해 우리는 하루하루를 목표를 이루어 나가는 과정으로 만들 수 있다. 그래야 효과적으로 투지를 끌어올리고 최종 목표를 이루는 데 동력을 제공할 수 있다.

셋째, 오늘의 일만 하자.

내일의 일은 내일 하자. 이것은 계획의 합리성을 위해 필요한 조건이다. 오늘이라는 한정된 시간 안에 오늘 하기로 한 목표를 이루자. 그래야 충분한 시간과 정신력으로 내일의 목표를 세우고 완성할 수 있다.

내일의 일이 오늘 하는 일의 계획에 영향을 미친다면 혼란이 일어날 가능성이 높고, 지속적인 스트레스가 생기고, 개인의 긍정적인 발전 분위기를 유지하는 데 도움이 되지 않는다. 동시에 개인의 작업 효율이 떨어지는 것을 피할 수 없다.

오늘 일어난 모든 일들을 받아들이자.

매일이 자신이 세워둔 목표에 따라 완성되는 일은 결코 없다. 외부 에서는 언제나 변화가 일어난다. 일단 문제가 일어나면, 오늘의 목표를 다 이루지 못할 수 있다. 그런 경우 오늘의 결과를 받아들이는 것이 아주 중요하다. 오늘의 실패나 문제에 집착한다면 내일의 발전 또한 영향을 받게 된다. 자세히 살펴보면 과거에 했던 실패의 그림자 속으로 걸어 들어가는 것이 발전을 가로막는 장애가 된다는 것을 알 수 있을 것이다. 그러나 오늘의 결과를 받아들이는 것은 당신이 이미 할 수 있는 최선의 노력을 다 했다는 것을 전제로 한다.

어제를 돌아보다가 오늘을 잃어버릴 수 있다. 미래에 대한 환상에 빠지면 도리어 미래를 만들어 낼 수 없게 된다. 과거와 미래는 모두 그 존재의 가치가 있다. 그러나 지금 이 순간을 사는 것이 삶의 올바른 태도이며, 정확한 발전의 방식이다.

이기적 편향 효과

— 외적인 이유로 걸음을 멈추지 말 것 —

사람은 행동의 이유를 찾을 때, 직관적인 외부의 이유에 더 치우치기 쉽다. 일단 외부의 이유가 자신의 행동을 해석하기에 충분하다고 생각되면 더 이상 내적인 원인을 찾으려 하지 않는다. 사회심리학에서는 이런 현상을 '이기적 편향'이라고 이야기한다.

'내적 요소'에 집중해야 문제의 본질을 파악할 수 있다

이기적 편향 효과는 외부의 이유가 우리에게 미치는 영향이 지나치게 커서 외부의 방해 요소가 종종 개인이 내적인 요소를 탐색하는 것을 소홀히 하게 만든다는 것이다. 더 나아가 문제의 근본 원인을 찾을 수 없게 만들기 때문에 효과적으로 문제를 해결할 수 없게 되거나 문제의 재발을 피할 수 없게 만든다.

이기적 편향 효과는 우리의 삶 속에서 명확하게 드러난다.

단순한 예를 하나 들어보자.

가정생활에서 부부는 '책임과 의무'와 '사랑의 표현'에 대해 이기적 편향 효과의 영향을 받을 수 있다. 남편이 아내를 향해 관심과 사랑을 표현할 때, 아내는 보통 이것을 남편이 당연히 해야 할 책임과 의무라고 여긴다. 혹은 친척이나 친구가 당신에게 도움을 줄 때, 당신은 그들이 친척이나 친구라고 하는 관계의 범주에서 이런 도움은 마땅히 해야 할 일이라고 여긴다. 그리고 잘 알지도 못하는 사람이 당신에게 호의를 보이고 도움을 주면 당신은 이를 '사랑의 표현'이라고 분명히 받아들이게 되어 이로부터 강렬한 감정을 느끼게 된다.

심리적 측면에서 이런 현상이 일어나는 원인을 자세히 분석해 보면, 가장 직접적인 원인은 인간이 외적인 요인들을 더욱 중요하게 생각하고 자신의 내부에 있는 요인들의 영향력을 소홀히 여기기 때문이라는 답이 나온다.

우리는 어떤 일이 일어났을 때 종종 외부 요인의 영향을 더 크게 보고 내부 요인의 영향은 작게 보기 때문에 문제의 진정한 원인을 발견하지 못한다.

예를 들어, 기업의 대표가 임직원들의 진보를 독려하며 그것에 상응하는 보상을 준다. 그런데 만약 직원이 이런 상을 주는 행위의 내적인 요인, 즉 직원들이 계속해서 진보할 수 있도록 돕고자 하는 의도를 대수롭지 않게 여기고 외적인 영향, 즉 상의 내용이 무엇인지에만 신경을 쓴다고 해 보자. 그러면 직원의 작업 행위의 목적이 바뀌어 그 직원의 흥미는 온통 상이 무엇인지에만 쏠리게 된다. 그래서 점점 상을 덜 주게 되거나 그것이 달라지지 않을 때, 직원은 점점 일에 대한 열정을 잃어버리게 된다. 게다가 직원은 장려금이 줄어들거나 그대로 유지되는 것이 이런 부정적 결과를 야기한 가장 타당한 이유가 된다고 여기게 된다. 외부 요인은 개인이 사물에 대해 그릇된 판단과 인식을 갖도록 부추긴다. 그리고 '이기적 편향 효과'는 또한 이런 종류의 영향을 확대시키고 개인이 외부 요인에 더욱 주의를 기울이게 만든다.

외부 요인의 영향이 지나치게 커지면 개인이 행동에 대한 정확한 태도를 지니고 있었더라도 동요가 생기게 된다.

예를 들어, 직원이 자신의 일에 대해 아주 큰 흥미를 가지고 있으면, 그는 그 일의 중요성을 충분히 의식하고 그 일에 대해 오랫동안 열정을 발휘하고 싶어 하며 성취감을 지속시키고 싶어 한다. 이때 관리자가 직원의 열정을 지속시키기 위해 부적절하게 그에게 상을 주거나 하면 그 직원의 관심은 분산되어 버린다. 장려금이 늘어나지 않으면 일에 대한 열정을 불러일으킬 수 없으며, 직원 본인이 가진 일에 대한 흥미 또한 영향을 받게 된다. 그래서 외부 요인은 "자신의 일이 그만큼의 보상을 받지 못하고 있다"는 식의 잘못된 믿음을 합리화시키고 그것을 직원들이 받아들이게 만든다.

개인의 행동은 외부 요인에 좌우되는 경우가 많다

외부 요인은 개인의 행동에 영향을 미친다.

한 과학자가 성적이 비슷한 학생 40명을 대상으로 실험을 진행했다. 먼저, 학생들을 비슷한 흥미를 가진 두 개의 집단 프로그램에 나누어 집어넣었다.

첫 번째 단계에서, 모든 실험 대상은 어떠한 인정이나 격려도 주어지지 않는 상황에서 문제를 해결하게 되었다. 어떠한 외부 요인의 영향도 없는 상태인 것이다.

두 번째 단계에서, 첫 번째 조는 문제 하나를 풀어낼 때마다 1달러를 상금으로 받았다. 그리고 두 번째 조는 어떤 상품도 받지 못한 채 계속해서 문제를 풀게 두었다. 당연히, 두 개의 실험 조는 서로 나뉘어 있어 서로의 상황이 어떻게 진행되고 있는지 알지 못했다.

세 번째 단계에서는 모든 실험 대상이 상금을 받지 못한 채로 계속 문제를 풀게 했다. 그러나 과학자들은 실험 참가자들에게 자유를 주고 원하는 방식대로 문제를 풀게 했다. 과학자는 이렇게 함으로써 실험 참가자들이 문제를 푸는 일에 대한 흥미에 어떤 변화를 겪게 되는지 관찰하고자 했다. 실험 결과가 보여준 것은, 상을 받지 않았던 실험 조에서 문제를 계속 푸는 사람이 상을 받았던 조에서 같은 행동을 한 사람들보다 훨씬 많았다는 것이다.

이 실험을 통해 우리는 외부 요인, 즉 상을 받는지 받지 못하는지가 실험 대상이 계속해서 문제를 풀 것인가를 결정하는 중요한 요인이 된다는 사실을 이해할 수 있다. 이것은 일종의 합리적이면서도 비합리적인 현상이다. 비합리적인 현상인 이유는, 개인의 행동은 스스로의 통제를 받는데 외부 요인의 영향이 그렇게 크다는 사실에 있다. 합리적인 현상이라고 할 수 있는 이유는, 개인이 외부 요인을 통해 자신의 행동에 대한 가장 타당한 이유를 찾는 것은 보편적이고 심리적인 측면의 정보 피드백이기 때문이다.

간단히 말해, 외부 요인에 변화가 생겼을 때, 예를 들어 보상이 줄어들었을 때, 개인은 이런 종류의 외부 요인 변화를 통해 자신의 불합리적인 행동을 합리화한다.

보상이 줄어들었다는 사실이 전달하는 정보는 바로 당신의 행동이 상을 더 많이 받을 만한 가치를 갖지 못했다는 것이다. 이것은 물론 개인의 일에 대한 흥미를 잃게 만들 수 있다. 개인은 자연스레 일을 덜 하게 되면서 외부 요인의 변화에 대해 반응을 한다. 개인의 입장에서 보면 이런 반응은 합리적이고 정상적인 것이다.

이미지에 속지 말고
그것으로 다른 사람을 속이려고 하지도 말자

이기적 편향 효과를 분석해 보면 우리는 사람이 자신의 행동에 대한 적합한 이유를 찾을 때 외부 요인에 주의를 집중한다는 것을 알 수 있다. 이것은 객관적이지 않고 부정확한 자기인식이며, 개인의 발전을 외부 요인에 따라 휘둘리게 만든다. 외부 요인은 언제나 변하기 마련이다. 이는 개인의 행동 또한 변할 수밖에 없다는 것을 의미한다. 그렇게 되면 개인은 자연히 진정한 의미의 발전을 이룰 수 없게 된다.

우리는 자신의 행동을 정확하게 받아들여야 한다. 외부 요인에 변화가 생겼을 때, 스스로 어떤 행동을 계속해 나가기 어려울 때, 진정한 내적 요인이 무엇인지 찾아내어 그 행동의 발전을 유지해야 한다.

한 사람이 성공할 수 있는 이유는 그의 내부 동력이 외부 요인의 영향보다 훨씬 강했기 때문이다. 다시 말해 자신의 합리적이고 정확한 인식이 바탕이 되기만 하면 외부 요인은 그의 행동에 부정적인 영향을 미칠 수 없으며 그는 결국 성공하게 된다. 의식적으로 외부 요인의 영향을 받는 사람은 그 영향을 쉽게 받아 자신의 발전을 외부 요인의 통제 아래 놓게 된다. 외부 요인이 언제까지나 긍정적일 것이라고 생각해서는 안 된다. 더 많은 경우 그것은 개인의 발전을 가로막는다.

개인의 내적 요인이 충분히 강하지 못하면 외부 요인이 결정적인 작용을 하게 된다. 앞서 본 실험을 생각해 보자. 만약 모든 실험 대상이 문제를 모두 푸는 일을 성공이라고 여긴다면, 그리고 이로 인해 마음속에 강렬한 승부욕이 생긴다면, 외부 요인은 그렇게 큰 영향을 미치지 못했을 것이다.

우리는 내부 요인을 자세히 살펴보고 중요하게 생각해야 한다. 그리고 외부 요인에 집중해서는 안 된다. 스스로 조건을 만들고, 신념을 유지하면서 그것을 발전시켜야 한다. 이것이 성공하는 사람들이 갖춰야 할 요소이다.

외부 요인은 종종 사람들의 판단에 영향을 미치는 일종의 속임수의 수단이 되기도 한다.

예를 들어, 기업이 제품을 생산해서 팔 때, 외부 요인의 영향력을 높여서 사람들의 관심을 끌어 모으고 판매 목표액을 달성했다고 하자. 이런 방식 자체는 좋은 것이다. 왜냐하면 기업이 소비자를 중요하게 여기며 그들에게 더 많은 생산품을 제공하기를 원한다는 것을 보여주기 때문이다. 그러나 어떤 경우에는 이런 방식이 소비자를 기만하는 때가 있다.

다음과 같은 실례가 있다.

하이왕海王 우유는 시장을 확장하기 위해, 그들의 우유가 뉴질랜드에서 수입한 것이고 건강한 젖소가 새끼를 낳은 후 72시간 이내에 나온 젖이라고 선전했다. 소비자는 누구나 높은 품질의 신선한 우유를 마시고 싶어 한다. 하지만 하이왕 우유의 이런 조치는 예상치 못한 결과를 가져왔다. 왜 그랬을까?

자신이 제공하는 신선한 우유에 대해 충분한 근거가 없었기 때문이다. 어떤 소비자도 뉴질랜드에 사는 젖소가 새끼를 낳은 후 72시간 안에 짜낸 우유가, 중국 전체 소비자의 수요를 감당해 낼 수 있을 것이라고 생각하지 않았다. 이렇게 과장되고 진실성이 없는 광고는 명확한 사기다. 이런 기업의 상품은 당연히 소비자들의 인정을 받을 수 없다.

그렇기 때문에 기업이든 개인이든, 자신의 행위가 가진 특별함을 드러내어 다른 사람들의 관심을 끌고자 할 때는 반드시 자신의 특별함을 설명할 수 있는 충분한 근거들을 갖추고 있어야 한다. 그렇지 않으면 도끼로 제 발등을 찍는 격이 되고, 결코 다른 사람들의 신뢰를 얻을 수 없다.

롤프Rolf Dobelli 법칙

― 효과적인 예측은 뛰어난 전략의 전제 조건 ―

예측이 없으면 정확한 전략을 짜는 것이 불가능하다. 효과적인 예상은 뛰어난 전략의 전제이다. 이것을 롤프의 법칙이라고 부른다.

예측은 전략의 방향을 제시할 뿐 아니라, 범위를 규정한다

롤프의 법칙은 예측과 전략 사이의 논증관계를 보여 준다.

예측은 전략의 전제이다. 그리고 전략은 또한 예측의 연장이자 표현이다. 정확한 예측을 통해 전략의 정확성과 합리성을 실현할 수 있다. 또한 전략의 시행은 예측한 내용을 반영한다. 전략을 시행함으로써 예측한 문제들을 효과적으로 정리할 수 있게 된다. 그 이후에 작업을 하면서 같은 문제가 재발되는 것을 피하고, 효과적으로 예측하고, 나아가 개인의 전략적 자유를 만족시킬 수 있다.

롤프의 법칙이 이야기하는 전략적인 자유란 개인이 일정한 범위 안에서 전략상의 자유를 누릴 수 있다는 것이다. 이는 인간의 자유가 법이 규정한 범위 안에서의 자유를 의미하는 것과 같다. 일단 법률이 정한 범위를 벗어나면 인간은 진정한 자유를 누릴 수 없게 된다.

예측은 전략의 범위를 설정해 준다. 개인이 이 범위 안에 있을 때 그 전략은 더욱 효과적인 가치를 지니게 된다. 반면에 이 범위를 벗어나면 그 전략은 실패한 것이 된다.

예측을 통해 개인은 전략의 내용에 필요한 방향을 효과적으로 찾고, 전략의 범위를 규정할 수 있다. 이는 전략의 효율성을 보여 주는 것이자 전략 가치를 유지하고 보호하는 것이다. 구속력이 없는 발전은 어떤 것이든 맹목적인 것이 된다. 그러면 반드시 효율이 떨어지기 마련이다. 간단한 예를 하나 들어 보자.

리자청李嘉誠은 청쿵플라스틱이 시장 포화로 인해 파산할 위기에 처했을 때, 유럽에서 플라스틱 조화 시장이 잠재적인 가치가 있다는 정보를 입수했다. 제2차 세계 대전 이후, 유럽 사람들의 생활 수준이 어느 정도 높아졌음에도 불구하고 아직 꽃을 심고 나무를 키울 여력은 없었다. 게다가 생화와 초목에 대한 시장의 수요 역시 크지 않았다. 이때 저렴한 가격의 장식품인 플라스틱 조화는 유럽 시장의 수요를 충족시킬 수 있는 상품이었다. 리자청은 바로 이 점에 착안해서 자신의 플라스틱 공장을 플라스틱 조화를 만드는 공장으로 바꾸기로 결정했다. 그는 결국 이 플라스틱 조화 덕분에 홍콩의 제일가는 부자 중의 하나가 되었다.
이 사례를 통해 우리는 예측을 할 때는 다음 두 가지 면에 주의를 집중해야 한다는 것을 알 수 있다.

첫째, 시장과 관련된 소식
플라스틱 장난감 시장이 포화 상태에 직면했을 때, 플라스틱 장난감 개발을 고집하거나 이미 포화 상태인 시장에 머물러 있고자 했다면 리자청은 기업 자본의 소모와 시장의 경쟁으로 인해 위기에 빠졌을 가능성이 높다. 리자청이 성공할 수 있었던 이유는 그가 이미 포화된 시장에서 뛰쳐나와 발전 잠재력이 있는 또 다른 시장을 찾았기 때문이다. 바로 이런 자세 덕분에 리자청은 플라스틱 조화가 유럽 시장에서 잠재적인 가치를 갖고 있다는 소식이 들렸을 때 적극적으로 반응할 수 있었던 것이다.

둘째, 자신의 조건

순간의 충동만으로는 전략의 전환을 향한 예측을 완성할 방법이 없다.

결국 리자청이 유럽의 플라스틱 조화 시장을 진격하게 된 가장 큰 계기는 그가 가진 기업 조건에 대한 예측이었다.

리자청의 청쿵플라스틱은 원래 플라스틱 장난감을 생산하는 기업으로, 플라스틱 제품을 생산하는 데 필요한 기본적인 기술과 기초 설비 및 판매 채널을 가지고 있었다. 이는 그가 이후에 유럽 플라스틱 조화 시장에 뛰어드는 데 현실적인 기반이 되었다. 만약 리자청이 이 같은 조건을 가지고 있지 않은 채 맹목적으로 유럽 시장에 뛰어들었다면 그는 절대 성공할 수 없었을 것이다. 왜냐하면 당시의 청쿵플라스틱은 이미 파산에 직면한 상태였기 때문이다. 만약 이 시기에 대규모의 기업 전환을 진행한다면 새로운 기술과 설비를 수입해야 할 뿐 아니라 국경을 뛰어넘는 판매 경로를 새로 뚫어야 했을 것이다.

현실적인 조건이 결여된 채로 성급하게 대규모의 전환을 진행하면 자본 소모는 기업이 감당할 수 있는 범위를 초과해 더 큰 손실을 야기하게 된다. 자신의 조건에 대한 고려가 최종적으로 정확한 전략을 만들어 내 그의 기업을 유럽 플라스틱 조화 시장에 진입하고 기업의 파산 국면을 뒤집을 수 있게 한 것이다.

예측은 전략이 더욱 진실한 근거를 갖게 한다

오늘날과 같은 정보의 대홍수 속에서 효과적으로 정보를 종합하고 처리해 효과적인 예측을 해 내는 것은 이미 기업이 시장을 장악하는 능력을 보여 주는 하나의 잣대가 되었다. 기업은 자신이 하고 싶은 일을 할 수 있는 게 아니다. 시장의 흐름을 따라 시장의 수요를 만족시키거나 그것을 따름으로써 기업의 전략을 짜야 한다. 예측은 기업의 전략에 시장 상황이라는 기반을 제공함으로써 기업의 강점을 살릴 수 있는 전략을 세울 수 있게 하고, 시장에 대한 기업의 영향력을 확대해 발전을 촉진시킨다.

또 다른 면에서 이야기하자면, 예측의 가치는 현실에 근접할 결과를 확정하는 데 있다. 예측을 통해 시장의 돌파구를 발견하고 기업의 강점을 발휘할 수 있게 되는 것이다. 또한 시장의 수요와 시장 동향에 대한 예측을 통해, 기업이 경쟁을 통해 얻어낼 수 있는 효과와 이익을 미리 계산할 수 있다. 이것이 예측의 가장 기본적인 내용이다.

또한 예측은 기업으로 하여금 자신의 조건에 근거하고 있을 뿐 아니라, 발전에 더욱 적합한 루트를 찾아내게 한다. 그것은 또한 전략 결과를 보여주는 것이기도 하다. 기업은 계산된 예측을 통해 전략을 현실적으로 만들 수 있다. 동시에 경영 중에 나타날 수 있는 문제와 발생할 수 있는 손실에 대한 가능성을 종합적으로 고려해서 이익을 최대화하고 손해를 최소화해 기업의 수익을 늘릴 수 있다.

예측을 하는 과정에서 기업은 다음과 같은 점을 주의해야 한다.

첫째, 시장 예측

시장을 예측하는 관건은 시장은 무엇을 필요로 하는가? 시장은 무엇을 선호하는가? 기업의 조건은 시장이 가진 어떤 수요를 만족시킬 수 있을까? 하는 문제들을 이해하는 데 달려 있다.

기업은 시장을 예측할 때, 전문가 조사나 여론 조사와 같은 방법을 통해 소비자의 수요와 구매 의사, 시장의 동향 및 투자자의 의향과 같은 문제들을 이해한다.

시장 예측의 목적은 시장을 이해하는 데 있다. 시장의 수요를 이해하고 시장의 상황이 어떤지를 이해하는 것이다. 물론 모든 수요가 수익을 내는 것은 아니다. 여기에는 시장 조건의 지지 및 투자자의 취향 등의 요소들이 영향을 미친다.

둘째, 예측 계산과 전망 회의

각 방면의 수치와 조사를 종합해 세밀하고 정확하게 예측 내용의 진실성을 계산해 전략의 내용에 근거를 만들어 준다. 이밖에도 전망 회의를 통해 집단의 지혜를 모으는 것 또한 효과적인 예측 방식이다. 당연히 전망 회의는 일정한 수치 자료에 근거해서 진행되어야 할 것이다.

셋째, 예측 결과를 명확히 할 것

예측한 결과를 명확히 한다는 것은 예측의 결과를 강조하고, 최대한도로 전략의 결과와 예측 내용의 일치성을 끌어올려 기업 이익을 최우선으로 하면서 예측과 전략의 간격이 기업에 손실을 가져오는 것을 피하는 것이다. 정확한 예측은 전략을 전반적으로 예측한 결과에 부합하도록 만드는 것이다. 기업은 손실을 관리함으로써 예측된 가치를 실현해 더 나은 전략을 세우고 기업의 발전을 촉진한다.

개인의 입장에서도 예측은 똑같이 중요한 가치를 갖는다.

예측은 개인 스스로의 실력과 발전 가치를 효과적으로 측정하는 것이다. 그것은 자신에 대한 객관적이고 구체적인 인식을 바탕으로 하며 발전 과정에서 자신의 능력의 성장을 가늠해 보는 것이다. 맹목적인 발전이나 자신의 선택으로 이루어진 발전이 아닌 것들은 반드시 실패를 만나게 되어 있다. 사회생활 가운데 자신의 강점이 지닌 영향력을 확대시킴으로써 얻은 발전만이 진정으로 개인의 발전을 이루는 것이다.

발전 예측은 자신의 강점을 근거로 해야 한다. 강점이 되는 조건들을 부단히 키워 나감으로써 발전을 이루는 것이다.

개인의 현재 상태는 그가 이전에 했던 예측과 아주 밀접하게 연관되어 있다. 개인이 직면하고 있는 상태는 바로 그가 예측했던 결과가 구현된 것이다.

만약 지금의 발전 상태가 만족스럽지 못하다면, 당신은 자신과 주변 환경에 대해 잘못 예측한 것은 아닌지에 대해 깊이 생각해 보아야 한다. 이 문제들을 되돌아봄으로써, 더욱 적합한 예측 방식을 찾고, 자신이 가진 강점과 환경적인 조건을 종합해 자신의 발전에 더욱 어울리는 길을 찾아내야 한다.

한 사람이 얼마나 큰 발전 가능성을 가지고 있는지는 대부분의 경우 그가 자신의 발전에 대해 얼마나 많은 조건들을 찾아내거나 만들어내고, 그 이후에 얼마나 그 예측의 내용을 실현시킬 수 있는지에 달려 있다.

자석의 법칙

— 누구나 자신만의 자기장을 가지고 있다 —

성공하고자 하는 모든 사람은 마치 자석과도 같은 거부할 수 없는 인력을 가지고 있다. 그 끌어당기는 힘이 그와 기운이 비슷한 사람과 사물을 주변으로 끌어당겨 그와 함께 힘을 발휘하게 하고 그가 해야 할 일을 완성하는 것을 돕게 만든다.

자신만의 독특한 인격의 매력을 가지도록 하자

이 세상에는 거부할 수 없는 힘이 있다. 그것은 끊임없이 당신과 기운이 비슷한 사람과 사물을 끌어당겨 당신의 삶 속으로 들어가게 하고, 영향을 미치게 한다. 이런 힘을 우리는 매력이라고 부른다.

고대 이집트에서 파라오들은 자석과 황금을 숭배했다. 자석과 황금은 각각 힘과 부를 상징했다. 파라오들은 자석의 힘을 통해 사람들의 눈길을 끌고, 부와 생각 모두를 자신의 보물창고로 끌어당기고자 했다.

부정할 수 없는 사실은 당신이 지금 가진 모든 것이 매력과 관련이 있다는 것이다. 만약 그것들이 당신과 전혀 어울리지 않는다면 곧 배척당해 당신의 삶으로부터 멀리 떨어져 나갔을 것이다. 당신의 삶 가운데 가지고 있는 모든 것은 바로 당신의 독특한 생각과 인격적인 매력이 끌어당긴 것이다. 만약 당신이 현재의 삶을 바꾸고 싶다면 당신의 사고방식을 바꾸는 것으로부터 시작하는 것도 괜찮다.

심리적인 측면에서 보자면, 개인의 의식은 그가 현실의 사물을 대하는 태도를 반영한다. 바로 이런 의식상의 차이가 사람들이 똑같은 사물을 보고도 다른 생각을 하게 만드는 것이다. 어떤 사람 혹은 사물을 받아들일 때 개인의 의식이 좋아하는 마음으로 기울면, 그는 무의식중에 이런 종류의 사물이나 사람의 성향과 가까워지거나 그것을 받아들이게 된다. 당신이 좋아하는 것은 당신이 받아들이기 쉽다는 말이다. 바꾸어 말하면, 당신이 어떤 종류의 물건이나 사람을 혐오하고 밀어내면, 똑같이 무의식적으로 이런 것들을 싫어하는 경향성이 생겨나게 된다. 그래서 당신이 싫어하는 물건은 받아들이기 더욱 어려운 경우가 많다.

어떤 사물을 좋아하면 그것을 받아들이기 쉬워질 뿐 아니라, 당신이 가진 인력이 그것을 계속해서 당신의 삶 속으로 끌어당긴다. 이것이 자석의 법칙이다.

지금 당신의 인간관계를 살펴보면 분명하게 알 수 있다. 당신의 인간관계에는 친구, 친지 및 이제 막 교류를 시작해 그렇게 친하지 않은 사람들이 있다. 그들은 하나의 중심을 둘러싸고 연결되어 있는데, 그 중심은 바로 당신이다. 더욱 정확하게 말하자면, 당신의 사고방식과 생각이 당신의 인간관계를 결정한다. 현재의 인간관계는 우연히 만들어진 것이 아니라 당신의 과거가 필연적으로 만들어낸 결과이다. 당신은 이 사람들과 함께할 수도 있었고, 그들과 멀어질 수도 있었다. 바로 그런 것이다. 당신이 지금 알고 지내는 사람들은 바로 당신이 의식적으로 바라던 결과이다. 바로 사고방식이 비슷하기 때문에 당신들은 한곳에 모이게 된 것이고, 이것이 바로 우리들이 흔히 유유상종이라고 이야기하는 것이다.

간단한 예를 하나 들어 보자.

어째서 어떤 사람들은 만난 지 얼마 되지도 않아서 급격하게 가까워지는가 하면, 어떤 사람들은 몇 년 동안이나 함께 일하면서도 서로를 이해하지 못하는 것일까?

원인은 아주 간단하다. 서로 '그렇다'와 '아니다'를 전하기 때문이다. 처음 만난 두 사람 사이에 관계가 만들어질 때, 만약 한 사람의 관점 혹은 생각이 상대방에게 곧바로 받아들여지면 이는 '그렇다'의 표현이고, 사고방식의 일치성을 보여 주는 것이다. 생각이 비슷해서 오는 일치감은 그들을 더욱 가깝게 만들고 서로를 끌어당기게 만들어 좋은 인간관계를 형성하게 만든다.

그러나 몇 년 동안 함께 일하면서도 서로를 이해하지 못하는 두 사람은, 한 사람의 관점이나 생각이 또 다른 사람에게 부정되어 일종의 '아니다'의 표현을 만들었기 때문이다. 이로 인해 생각의 차이와 거리감이 만들어진 것이다.

상대방의 관점에 반발하고, 자신의 관점을 내세우는 과정에서 강한 반발력이 상대방을 당신의 삶에서 멀어지게 한다. 두 사람 사이의 생각의 차이 때문에 당신은 그를 좋아하지 않을 뿐 아니라, 있는 힘껏 그를 당신의 삶에서 밀어낸다. 그와 당신 사이에 이렇게 강력하게 서로를 밀어내는 장애물이 있기 때문에 정상적으로 관계를 만들어 나갈 수 없는 것이다.

매력을 발산하기 전에 필요한 것: 자기 분석과 자기 반성

현실의 생활 가운데 좋아하는 사람과 사물을 자신의 인생으로 끌어들이는 것은 행복한 삶을 만드는 적극적인 방식이다. 끊임없이 자신이 원하는 것을 끌어당기고, 원치 않는 것을 밀어내는 것은 자신의 삶을 더욱 스스로의 필요에 부합하게 만든다.

그러면, 무엇 때문에 그렇게 많은 사람들이 자신의 삶에 불안과 불만을 느끼는 것일까? 그가 이전에 끌어당긴 것이 그가 좋아하지 않거나 원치 않는 것이었단 말인가? 사실은 그렇지 않다.

진정으로 자신이 원하는 것이 무엇인지 알고자 한다면 먼저 생각의 게으름을 극복하고 인간 본성의 약점으로부터 벗어나야 한다. 바로 이런 게으름과 약점이 계속해서 당신이 원치 않는 것들과 사람들을 끌어당기고 당신의 삶 속에 들어오게 만들어 당신의 인생을 혼란스럽게 하는 것이다. 그래서 불안과 불만의 감정들이 생겨나는 것이다.

우리는 끊임없이 자신에 대한 분석을 계속해야 한다. 자신이 어떤 삶을 원하고 있고, 그런 삶에 어떤 사람과 사물이 필요한지에 대해 생각을 집중해야 한다.

동시에 주변 환경을 꼼꼼히 살펴보고 어떻게 하면 그것들을 끌어당길 수 있는지 구체적으로 생각해야 한다. 그래야 그것들을 당신의 삶 속으로 들어오게 만들고, 당신의 리듬을 따라가게 할 수 있다.

자기 분석의 가치는 객관적이고 집중적인 자기 분석을 통해, 자신이 진정으로 원하는 삶이 무엇인지 깨닫고, 사실적인 청사진을 만들어 나갈 수 있다는 데 있다. 앞으로의 삶을 설계하는 것은 당신 자신이다.

자신이 진정으로 원하는 삶이 무엇인지를 알고 나면 하나의 문제에 부딪히게 될 것이다. 그것은 바로 당신이 지금 가지고 있는 힘으로는 좋아하는 사람과 사물들을 충분히 끌어당길 수 없다는 것이다. 어떻게 하면 효과적으로 스스로의 사고방식을 개선하고, 끌어당기는 힘을 발휘할 수 있을까?

그것은 자기반성이다. 철저한 자기반성을 위해서는 먼저 지금까지 가지고 있던 낡은 사고방식과 생각들의 굴레를 벗어던져야 한다. 낡은 사고방식과 새로운 사고방식의 충돌이야말로 당신이 가진 끌어당기는 힘을 약하게 만드는 것이기 때문이다.

자기반성을 할 때, 당신은 스스로가 앞으로의 삶의 설계자이자 실행자임을 마음에 새겨 두어야 한다. 자신이 원하는 삶을 살고 싶다면, 당신은 가장 먼저 그런 바람이 있어야 하고, 그것은 합리적이며 정확한 것이어야 한다.

자석의 법칙은 우리 삶 곳곳에서 드러난다. 강력한 자석의 힘을 만들어냄으로써, 원하는 사람과 사물을 당신의 삶 속으로 끌어들이고 그것을 삶의 일부분으로 만들어야 한다. 이것은 새로운 삶을 만들어 내는 방식일 뿐 아니라, 동시에 과거의 삶을 마무리 짓는 일이기도 하다.

스스로 과거의 삶을 진지하게 되돌아보며 이런 삶을 만들어낸 문제의 매듭이 무엇인지 발견했을 때, 당신은 용감하게 과거의 사고방식과 생각의 굴레에서 벗어나 자신이 진정으로 원하는 완전히 다른 삶을 위해 노력할 수 있게 된다.

스트라지의 법칙

— 동기의 순수성을 유지할 것 —

다른 욕심을 품고 남을 도와서는 안 된다. 무언가를 얻기 위해 다른 사람을 돕는 것은 도움이라고 할 수 없다. 이것이 스트라지의 법칙이다.

완벽하지 않은 것 앞에서도 순수함은 유지해야 한다

원시사회에서부터 인간은 협력하는 동물로 인식되어 왔다.

원시인들의 집단 사냥에서부터 오늘날의 단체 협력에 이르기까지 상부상조하는 것은 이미 우리의 의식에 깊이 뿌리박힌 관념이 되었다. 그러나 사회 경제의 발전에 따라 인간은 물질적인 추구에 대해 이미 역사적인 최고점의 수준을 기록하고 있다. 인간의 집단 속에서는 탐욕과 사리사욕이 넘쳐나고 있다.

예전에는 낯선 거리에서 집에 돌아가는 길을 찾지 못할 때면 누군가 자발적으로 당신을 도우면서 어떤 요구도 하지 않았다. 그러나 지금은 길을 묻는 사람을 도와주는 것은 일종의 직업으로 돈을 요구하는 일이 되었다. 이는 의심할 여지없이 인류의 퇴보라고 볼 수 있다.

비록 오늘날 사회에 좋지 않은 현상이 일어났지만, 우리는 여전히 삶을 사랑하는 태도를 가져야 한다. 이 세상이 사랑과 아름다움으로 가득하다는 믿음을 가지고 있어야 인간 사회는 진정한 문명과 번영의 방향으로 발전할 수 있다.

우리는 다른 사람들과 교류하는 가운데 늘상 관계의 어려움에 부딪히곤 한다. 그것은 어떤 면에서는 사람들이 관계를 만드는 과정의 가능성에 문제가 생겼기 때문이다.

또한 사람 사이의 관계에서 문제가 생기는 가장 근본적인 원인은 관계를 맺는 과정에서 가장 진실한 동기를 잃어버린 데에 있다. 스트라지의 법칙이 우리에게 알려주는 것은 동기와 행동 사이의 변증 관계이다. 동기가 순수하지 못하면 그 행동 역시 진정성을 잃어버리게 된다. 또한 진실성을 잃어버린 행동은 상대방으로 하여금 더는 친밀감을 느끼지 못하게 한다. 그 관계는 결국 어려움에 빠지게 되는 것이다.

동기는 행동의 성패를 결정한다

스트라지의 법칙은 사람들의 행동을 규정할 뿐 아니라, 동시에 우리에게 오래 전부터 제기되어온 질문을 던진다. 그 질문이란 무엇이 진정으로 '정신적인 만족과 충실함'인가 하는 것이다. 사람들은 멈추지 않고 이에 대한 논쟁을 계속해 왔다. 변증법적인 관점에서 보자면, 정신은 물질에 부합해서 존재한다. 그렇기 때문에 물질적인 만족은 정신적인 만족의 전제 조건이 된다. 따라서 물질에 대한 사람들의 추구는 역사의 흐름을 거스르는 것이 아니다. 그러나 동시에 물질에 대한 지나친 탐닉은 반드시 정신을 피폐하게 만든다.

정신과 물질 사이에는 긴밀한 상관관계가 존재한다.

물질은 정신을 담는 그릇이다. 우리는 어느 정도의 물질적 기초가 있어야 비로소 정신적인 만족과 충만을 느낄 수 있다. 물질적인 여유는 정신적인 욕구를 만족시키기 위한 것이다. 그렇기 때문에 우리는 합리적인 범위 내에서 물질적인 욕망을 통제해야 한다. 그래야 물질적인 부유함이 전제가 되었을 때, 정신적인 만족과 충만이 영향을 받지 않는다. 물질이 넘쳐나는 오늘날의 사회 환경에서 정신적인 만족과 충만을 찾는 것은 이미 사람들의 가장 절박한 바람이 되었다.

사람들의 교류는 대부분의 경우 이런 정신적인 만족을 얻기 위함이다. 예를 들어 가족 간의 사랑이나 우정 같은 모든 것은 이런 욕구를 따라 가능한 한 상대방의 정신적 즐거움의 욕구를 만족시키기 위한 것이다. 그러나 이런 관계를 만들어가기 위해 스트라지는 그 동기가 반드시 진정성과 순수성을 갖춰야 한다고 이야기하고 있다.

포드 자동차 대리점에서 다음과 같은 일이 일어난 적이 있다. 한 노부인이 자동차를 사는 과정에서 갑작스럽게 심장병 발작이 일어났다. 이 일어나 판매직원의 도움을 필요로 했다. 이 대리점의 수많은 직원들이 있는 힘을 다해 이 노부인을 도왔다. 결국 모든 사람의 도움 덕분에 노부인은 의식을 되찾았고, 그녀는 이 일을 아주 고맙게 여겼다. 그래서 포터 자동차를 구입해서 그녀를 도와준 직원들에게 보답을 하고자 했다.

그러나 바로 이 순간에 막 구조에 참여하기 시작한 한 판매 직원이 계약서를 들고서 아직 마음이 진정되지 않은 노부인 앞으로 달려왔다. 그리고 그녀에게 말했다.

"천만 다행입니다. 이제 계약서에 싸인을 할 수 있게 되었군요."

노부인은 고마운 마음이 연기처럼 사라졌다. 그녀는 떨떠름한 표정으로 몸을 일으켜 그 직원에게 말했다.

"아무래도 여기서 자동차를 살 수 없을 것 같군요. 당신이 나를 도운 이유가 자동차 때문인 것 같으니 말입니다. 그러니 물건을 팔고 난 다음에 서비스가 어떨지 심히 걱정 되는군요. 이것 봐요 젊은 양반, 만약 내가 차를 사고 난 뒤에 심장발작이 일어났으면 댁이 지금처럼 나를 도왔을까요?"

노부인은 말을 마치고 그 자리를 떠났다. 판매 직원은 아무 말도 못 하고 우두커니 그 자리에 서 있었다.

이와 똑같은 일이 또 다른 포터 자동차 대리점에서 일어났다.

한 노부인이 자동차를 사는 과정에서 심장 발작을 일으켰다. 매장 매니저는 급하게 응급조치를 한 다음 그녀를 집까지 데려다 주었다. 이 모든 과정에서 매니저는 차를 파는 일에 대해서는 한 마디도 언급하지 않았다.

다음날, 매니저가 외출 준비를 하고 있는데 갑자기 그 노부인이 나타났다. 노부인은 그에게 이렇게 말했다.

"어제 봤던 차를 사려고 하는데요."

매니저는 노부인을 자동차 앞으로 데리고 가서 자동차의 성능과 안전에 대해 설명을 할 준비를 했다. 그러나 노부인이 말했다.

"설명은 됐어요. 저는 이 차가 틀림없이 안전하고, 혹여 문제가 발생하더라도 A/S직원이 곧바로 달려와 줄 것이라는 걸 알고 있습니다."

똑같이 심장발작을 일으킨 노부인을 두고 두 판매 직원은 전혀 다른 결과를 마주하게 되었다.

첫 번째 이야기에서, 판매원은 차를 파는 것을 동기가 되었기 때문에 그와 같은 행동을 한 것이다. 그는 노부인이 미처 의식을 제대로 회복하기도 전에 계약서를 들고 오는 행동을 했다. 이런 행동은 노부인으로 하여금 포터 자동차를 불신하게 만들었다. 그러나 두 번째 사례에서, 대리점 매니저가 노부인을 도운 것은 그녀의 생명을 구하는 것이 동기가 된 행동이었다. 이런 동기는 매니저로 하여금 노부인을 집까지 데려다 주면서도 차에 대해 이야기하는 것을 잊어버리게 만들었다. 이런 행동에 노부인은 진정성을 느낄 수 있었고, 차를 사지 않은 사람도 그처럼 성의 있게 대해 준 사람이니 차를 산 사람에게 하는 서비스도 분명 만족스러울 것이라고 생각하게 만들었다. 그래서 노부인은 안심하고 그 차를 사기로 결정한 것이다.

이 두 명의 노부인이 만난 것은 모두 포터 자동차였고 두 대리점의 서비스 역시 똑같았다. 달랐던 것은 서비스를 하는 동기가 무엇인가 하는 것뿐이었다.

랜스다운 Helen Lansdowne 의 법칙

― 사다리를 깨끗이 할 것 ―

사다리를 오를 때 사다리를 깨끗하게 하는 것을 신경 쓰지 않으면 내려오는 길에 굴러 떨어질 가능성이 높다. 이것이 랜스다운의 법칙이다.

남들에게 좋은 환경을 제공하는 것이
곧 자신의 길을 닦는 길이다

앞으로 나아가는 과정에서 문제를 피하면 순간 그 길이 평탄해
질지 모른다. 하지만 같은 문제를 또다시 만나게 되었을 때, 대
비책을 마련해 두지 않았기 때문에 속수무책으로 당하게 되기
쉽다. 나아감과 물러남에 정도가 있어야 막다른 골목으로 내몰
려 곤경에 빠지는 일이 없다.

랜스다운의 법칙에 따르면 당신이 경영자일 경우 직원들에게 즐
겁고 조화로운 작업 환경을 마련해 주어야 한다. 그래야 그들의
작업 효율이 올라가고 당신의 성공을 도울 수 있다. 부정적인 감
정 상태에 놓여 있는 사람이 기업 이윤을 창출할 것이라고 기대
할 수는 없을 것이다. 종업원이 손님을 대할 때 긍정적인 기분이
아니라면, 고객을 대하는 일에도 영향을 미쳐 부정적인 분위기
를 만들고, 고객으로 하여금 친밀감을 느끼게 하기 어렵다. 부정
적인 사람이 일을 도와달라고 하면 아무도 그것에 응하고 싶은
마음이 들지 않는 법이다. 더욱이 그런 사람과 발전의 문제에 대
해서 이야기하고 싶지 않을 것이다.

한 사회과학자가 미국의 캘리포니아 주에서 설문 조사를 했다. 먼저 기업들의 동의를 구한 후에 각 기업의 모든 직원들에게 설문지를 나눠 주고 빈 칸을 채우게 했다.

설문지에는 두 가지 질문이 적혀 있었다.

첫째, 당신은 행복합니까?

둘째, 당신은 어째서 행복하거나 행복하지 않습니까?

모두 백여 개 기업의 2만여 명의 직원들이 이 설문에 참여했다. 설문의 결과는 각양각색이었다. 어떤 직원은 이렇게 적었다.

"나는 아주 행복합니다. 왜냐하면 2년이라는 짧은 시간 안에 파트장으로 승진을 했기 때문입니다. 이건 굉장히 드문 일입니다."

어떤 이는 이렇게 말했다.

"저는 아주 행복해요. 왜냐하면 미국의 10대 기업에서 일을 하고 있는데다가, 이곳의 근무 환경은 밖에서 이야기하는 것과 똑같이 아주 인간적이기 때문입니다."

물론 훨씬 더 많은 직원들은 이렇게 말했다.

"나는 아주 불행합니다. 복잡하고 재미없는 일들이 나의 열정을 갉아먹고 있어요."

"저는 우리들의 일이 이익을 내고 있다고만 말씀드릴 수 있을 것 같아요. 하지만 그것이 저를 기쁘게 하지는 않습니다. 그렇다고 제가 승진을 할 수 있으리라고 생각하지는 않거든요."

"이곳에선 회사가 직원들에게 관심을 가지고 있다는 것이 조금도 느껴지지 않아요. 관리자는 우리들에게 이래라저래라 하면서 작업의 진행 상황만 검사할 뿐이에요."

또 이런 답변도 나왔다.

"자본주의 사회에서 자산계급에게 온정을 바라는 것은 이미 사치다. 어쩌면 우리들이 너무 많은 것을 바라는 것인지 모른다."

위의 설문 결과를 분석했더니 긍정적인 정서를 가진 직원이 있는 곳이 부정적인 정서를 가진 회사보다 작업 능률이 30% 이상 높다는 결론이 나왔다. 결국 정서가 직원들의 작업 효율에 미치는 영향이 어마어마하다는 것이다.

직원들이 항상 부정적인 기분으로 일을 하고 있으면 당신은 30%나 더 많은 직원들을 고용해야 필요한 만큼의 작업을 끝마칠 수 있다. 기업의 입장에서 이는 아주 큰 손실이다. 반대로, 직원들이 긍정적인 분위기에서 일을 할 수 있게 된다면 회사는 상당한 양의 지출을 아낄 수 있게 되는 것이다. 직원들이 긍정적인 기분으로 일할 수 있는 분위기를 유지하는 것은 기업의 손익과 직결되는 아주 중요한 문제이다.

이 설문 조사 결과 대다수의 직원들이 행복하지 않은 이유가 크게 2가지로 나뉜다는 사실을 알 수 있었다. 하나는 직원에 대한 회사의 배려를 느낄 수 없기 때문이고, 다른 하나는 작업 과정이 무미건조하고 지루하다는 사실이었다. 우리는 흔히 일이라는 것은, 더욱이 말단 부서의 일이라는 것은 본래 아주 단조로울 수밖에 없는 것이라고 생각해 왔다. 비록 작업의 지루함이란 대부분의 경우 직원이 스스로 느낀 것이고, 직원 자신의 작업 태도에서 야기된 것이기도 하지만, 회사 또한 이에 책임이 있다.

사회가 발전함에 따라 많은 사람들이 인간적인 배려를 중요하게 생각하게 되면서 직원들의 여가 생활 역시 기업 문화의 일부가 되었고, 그것이 기업의 발전에 큰 영향을 미치게 되었다.

그렇다면 기업의 관리자는 어떻게 하면 직원들의 긍정적인 감정을 이끌어낼 수 있을까?

직원들의 친구가 되자

사회에서 생존해 나가기 위해 우정은 모든 사람에게 없어서는 안 되는 것이다. 우정을 쌓아가는 과정에서 당신은 상대방의 애정과 관용을 느낄 수 있게 된다. 친구는 당신에게 가장 필요한 도움과 가장 따뜻한 안부 인사와 위로를 줄 수 있다. 만약 기업 경영인과 직원 사이에도 이런 우정이 만들어질 수 있다면 기업의 발전에 활력을 줄 수 있지 않을까?

사회가 발전함에 따라 평등에 대한 사람들의 욕구도 함께 커지고 있다. 일에 대해서도 임금이 얼마인지의 문제뿐 아니라, 기업

문화와 사내 분위기가 어떤지를 중요하게 생각하기 시작했다. 간단히 말해, 사람들은 일을 통해 적당한 월급을 받는 것만이 아니라, 동시에 즐거움을 얻기를 원하게 되었다.

경영자의 한 사람으로서 당신이 일을 하는 과정에서 직원들의 친구가 될 수 있다면, 그들이 일을 통해 얻고자 하는 즐거움의 욕구를 어렵지 않게 충족시킬 수 있을 것이다.

야생 오리 정신

― 솔직한 사람과 함께 일하는 법을 익힐 것 ―

세계적인 기업 IBM(미국의 컴퓨터, 정보기기 제조업체)은 개성이 강하고, 사소한 것에 얽매이지 않으며 솔직하게 이야기하는 직원은 언제나 회사에 도움이 된다고 여긴다.

경영인이 팀 가운데서 이와 같은 인재를 발굴하고 그의 의견을 허심탄회하게 들을 수 있다면, 모든 일은 순조롭게 풀릴 것이다. 이것이 IBM의 '야생 오리 정신'이다.

직언은 완곡한 말보다 가치 있다

야생 오리와 집오리의 가장 큰 차이점은 야생 오리는 사람의 부름을 듣지 않는다는 것이다. 우리는 모두 야생 오리가 날아가 버릴 것이라는 사실을 알고 있다. 사람들은 야생 오리를 잡아 연못에 관상용으로 두고 싶어 하고, 그것을 식량으로 여긴다.

기업의 직원 또한 집오리형인 사람과 야생 오리형인 사람으로 나눌 수 있다.

집오리형의 직원은 말없이 묵묵하게 일을 하는 사람이다. 이런 직원은 거의 주변의 사람들과 마찰을 일으키지 않으며 기업의 제도와도 충돌을 일으키지 않는다. 이것은 강물에서 헤엄치는 오리와 같다. 우두머리 오리가 나아가는 그대로 나머지 오리들은 따라간다. 기업에서 이런 유형의 직원들은 보통 품성도 인맥도 인간 관계도 모두 좋다.

그러나 야생 오리형의 직원은 경영인의 골치를 아프게 하는 인물인 경우가 많다. 그들은 개성이 아주 강하고, 자신과 경영인의 생각이 다를 때에도 자신의 관점을 굽히지 않고 내세운다. 가장 중요한 것은 그들이 가지고 있는 관점을 바꾸기가 아주 어렵다는 것이다. 어떤 때에는 어리석고 둔한 걸음을 고집하는 경우도 있다. 물론 나중에는 그들의 생각이 옳았다는 것이 증명되기도 한다.

서로 다른 직원들이 회사에 미치는 영향 역시 서로 다르다.

직원은 서로 다른 각도에서 여러 가지 종류로 나뉜다.

능력치의 관점에서 니눴을 때 직원은 인재형, 능력형, 보통형, 열등형, 낙오형으로 구분할 수 있다.

성격, 성향 및 업무 능력 등의 여러 면을 종합적으로 고려했을 때, 직원은 크게 평범한 유형과 급진적인 유형으로 나눌 수 있다. 평범한 직원은 집오리형 직원과 비슷하고, 급진적인 직원은 야생 오리형 직원과 같다.

서로 다른 유형의 직원에 대한 이해를 통해 경영인은 더 합리적으로 일을 분배하고 직원들의 능력을 가장 높은 효율로 이용해 기업의 발전을 촉진시킬 수 있다.

기업 경영의 과정에서 평범한 직원은 기업 이익을 보장해 주는 토대가 된다. 평범한 직원은 보통 기업의 기초 업무를 담당하므로 그들이 하는 일의 내용은 기업의 이익에 직접적으로 연관되어 있는 경우가 많다. 또한 평범한 직원은 기본적인 작업 능력을 갖추고 있고, 기업 발전의 기본적인 요구를 충분히 만족시킬 수 있다. 뿐만 아니라 평범한 직원은 관리자의 지시도 잘 따른다. 그러므로 어떤 상황에서도 기업의 제도와 충돌을 일으키지 않는다. 게다가 평범한 직원은 팀 안에서 종종 '좋은 선생님'의 역할을 담당해 구성원들의 사랑을 받는다.

급진적인 직원은 야생 오리형이다. 이런 직원은 보통 경영자가 가장 '관리하고 가르치기' 어려운 사람이다. 왜냐하면 그들이 경영자에게 반감과 같은 부정적인 감정을 가지는 경우가 많기 때문이다. 기업에서 급진형의 직원은 비교적 강력한 원칙성을 가지고 있다. 그들은 종종 진지하고 고집이 세다. 이런 강한 성격은 경영인과 논쟁을 벌이고 심지어 그들의 지시에 반발하게 만든다.

급진적인 직원은 '특별한 능력'을 가진 사람들의 무리인 경우가 많다. 그들은 솔직하게 직설적으로 말하고, 어떤 경우에는 경영자의 눈에 '터무니없는 소리를 하는' 아주 거만한 사람으로 비쳐지기도 한다. 하지만 인정해야 할 것은 이런 타입의 사람들이 집단의 이익에 아주 중요한 가치를 지니며 기업의 발전에 긍정적인 영향을 미친다는 사실이다.

야생 오리 형의 급진적인 직원들은 경영자와 화목하게 지내지 못하는 경우가 많지만, 그들이 가지고 있는 몇 가지 요소는 경영자가 소홀히 할 수 없는 것들이다.

첫째, 야생 오리 형의 직원들은 나름의 비상한 능력을 가지고 있다.

예를 들어 특출한 관리 능력, 시장을 세밀하게 관찰하는 능력과 같은 것들이다. 그들은 일을 하는 중에 특정 분야에서 아주 뛰어난 성과를 보인다.

둘째, 야생 오리들은 창의력과 개척 정신이 뛰어난 경우가 많다.

창의력과 개척 정신은 기업이 비약적인 발전을 할 때 없어서는 안 되는 자질이다. 이런 타입의 직원들이 의견을 내놓고 건의를 하는 내용을 경영인으로서 냉정하게 분석하면, 기업의 발전에 건설적인 영향을 미칠 수 있다.

셋째, 야생 오리들은 기업 분위기에 활기를 더한다.

이른바 '급진분자'라고 하는 사람들은 호수 한가운데로 뛰어드는 코끼리와 같다. 그들은 호수의 물을 휘저어 흐리게 만들지만, 그와 동시에 물을 움직여 썩지 않게 한다.

'야생 오리'의 강점을 이용하고, 귀에 거슬리는 의견에 귀를 기울이자

앞에서의 분석을 통해 우리는 각 유형의 직원들이 모두 기업의 발전에 영향을 미친다는 것을 알 수 있다.

'좋은 선생님'은 기업과 기업의 안정적인 분위기를 유지시켜 준다. '야생 오리'는 이런 분위기를 휘저어 활력을 불어넣는다.

서로 다른 타입의 존재들은 모두 나름대로의 긍정적인 영향을 미친다. 직원 조직의 다원화는 기업의 업무 환경을 활력 있게 만들어 기업의 발전에 긍정적인 영향을 미치는 데 더욱 효과적이다. 이런 관점에서, 항상 사람들에게 호감을 사지 못하는 직원 또한 긍정적이고 사 줄 부분이 있다. 경영자는 이런 직원들의 '부족한 점'을 바꾸려 하기보다는 그들이 가진 강점을 발휘할 수 있도록 최선을 다하는 것이 좋다.

제갈량은 삼국 시대의 인물들 가운데 가장 특이한 성향을 가진 사람이다. 그는 정교하고 뛰어난 책략과 인재를 교묘하게 이용하는 능력으로 당대에 이름을 떨쳤다.

제갈량과 어깨를 나란히 했던 전설적인 인물로는 장비가 있다. 장비는 무모하고 용감한 것으로 유명했다. 그는 뛰어난 무술로 유비, 관우와 함께 도원결의를 맺어 삼국 시대의 화려한 역사의 장을 열었다. 장비는 남다른 대범함으로 일찍이 장판 전투에서 "내가 장비다! 덤벼라! 목숨이 아깝거든 물러나라!"는 호령 한마디로 조조의 5천 기병을 물러나게 해서 유비를 도망치게 한 적도 있다. 장판 전투는 유비 대군의 전환점이 된 싸움이었다. 장비는 이 연기 없는 전쟁에서 의심할 바 없이 가장 용감한 대장의 역할을 맡았다.

이 역사적 일화는 기업의 경영자에게도 시사하는 것이 있다. 경솔한 장비 또한 유용한 역할을 하는 부분이 있는 것이다.

다른 사람들의 호감을 사지 못하는 직원도 마찬가지로 그 자신을 뛰어 넘는 가치를 만들어 낼 수 있다.

직원이 장점을 발휘하게 하고, 그들의 단점을 없애 주는 것은 기업이 발전하는 데 걸리는 시간을 절약해 줄 뿐 아니라, 자본을 아끼게 해 준다. 동시에 기업의 분위기를 활기차게 유지시켜 준다.

기업의 분위기가 언제나 별다른 일 없이 잔잔한 호수와 같다면, 겉으로 보기에는 굉장히 평탄해 보이지만 사실 호수 바닥은 진흙이 서서히 두껍게 쌓이고 있는 것이다. 호수의 물은 결국 활력을 잃고 썩어 버리게 된다. 하지만 제멋대로 날뛰고, 좌충우돌하고, 개성이 강한 직원은 기업의 썩은 물 상태를 바꿔 끊임없이 활력을 불어넣어 준다.

Law 24

지그의 법칙

— 꾸준함이 하늘이 내린 재능을 만든다 —

생명 그 자체 이외에 모든 재능은 후천적인 노력을 필요로 한다.

타고난 소질이라는 것은 이치에 맞지 않는 말

생명의 본질은 발전하는 데 있다. 응애 하고 울면서 태어난 아기가 성장해서 매력적인 청년으로 자라난다.

인생의 큰 전환은 끊임없는 발전을 통해 이루어진다. 개인이 발전하는 가운데 가장 중요한 품성은 꾸준함과 노력이다. 우리는 어떤 사람이 어떤 방면에서 타고났다는 말을 자주 하지만, 이런 타고난 재능이 능력으로 발현되기 위해서는 꾸준한 노력을 통해 천부적인 재능이 계속해서 발전할 수 있게 해야 한다. 그렇지 않으면 재능이라는 것은 무지개와 같이 아름다워 보일지라도, 그저 눈앞을 스쳐 지나가는 풍경에 지나지 않게 된다.

인간이 성장해 나가는 과정에서 어떤 능력도 저절로 쌓이거나 발전하지 않는다. 걷는 법을 배우기 위해서는 여러 차례 넘어져 보아야 한다. 사람을 사귀는 능력을 키우기 위해서는, 인맥을 쌓고 다른 사람들과 끊임없이 교류해야 한다. 발전하기 위해서는 끊임없이 좌절을 겪어 보아야 한다. 이것이 바로 성장이다.

성장의 과정 중에 개인의 발전은 각 방면의 요인들로부터 영향을 받는다. 비록 우리 모두가 성장하기를 강하게 원한다고 할지라도, 성장은 필연적인 결과가 결코 아니며, 노력하지 않으면 성장할 수 없다. "비바람이 오지 않았는데, 어찌 무지개를 볼 수 있겠는가"라는 말 그대로이다.

개인이 성장하거나 발전하는 과정에서 문제와 좌절은 언제나 뒤따라오기 마련이다. 성장하고 발전하고 싶은 사람이라면 누구나 이 점을 명심해야 한다. 문제가 존재한다는 사실을 인정하는 것은 발전을 긍정적으로 마주하는 태도이다. 이는 발전에 동력을 제공한다.

위기에 직면해서도 두려워하지 않고, 변화에 부딪혀도 놀라지 않을 수 있는 이유는 문제가 생길 수 있다는 사실을 미리 의식하면서 마음속으로나 외부 조건에 준비를 해 두었기 때문이다.

우리가 문제를 해결하고 좌절을 극복할 수 있는지의 여부는 시작과 동시에 결정이 된다.

발전 과정에서 일어날 수 있는 문제나 좌절을 미리 생각하지 않는다면, 문제와 좌절이 닥쳤을 때 반드시 허둥대면서 혼란에 빠지게 될 것이다. 심지어 그 문제를 해결할 수 있는 능력을 가지고 있으면서도 문제를 합리적으로 해결하고 좌절을 극복할 수 없게 되는 경우가 많다. 이 또한 항상 중요하게 생각해야 하는 부분이다.

문제나 좌절을 만났을 때 두려워하지 않고 놀라지 않는 것은 태도의 문제일 뿐 아니라, 그 사람이 실제로 가진 능력을 보여 주는 것이기도 하다.

문제를 해결하고 좌절을 극복하게 해 주는 동력은 다음 두 가지에서 나온다.

첫째, 심리적인 소양

문제를 해결하고 좌절을 극복하는 과정에서 사람의 심리적인 소양은 점점 강해지고, 문제와 좌절을 직면할 때의 마음가짐 역시 긍정적으로 바뀐다.

심리적인 소양이 나쁜 사람의 경우, 문제와 좌절을 만나면 마음이 점점 부정적으로 변한다. 문제를 해결하고 좌절을 극복하는 과정에서 당황해서 어쩔 줄 모른다면, 그의 마음은 곧 외부 요인의 방해를 받고 점점 약해질 것이다.

이는 위험 신호이다. 심리적인 소양이 나쁜 사람은 일단 중대한 좌절과 고난을 만났을 때, 공황 상태에 빠져 새롭게 문제와 좌절을 마주할 능력을 잃어버리기 쉽다. 이로 인해 발전이 크게 가로막히게 되는 것이다.

둘째, 개인의 능력

흔히 말하는 천부적인 재능이란 이전에 축적된 경험이나 외부 환경과 같은 요인들 때문에 개인이 어떤 문제를 해결할 때 비상한 능력을 발휘하는 것을 말한다. 이는 개인의 자본과 같은 것이며 강점을 드러내는 것이다. 강점은 어떤 방면에 대한 우월감을 느끼게 하고, 발전을 촉진하기도 한다.

그러나 이런 종류의 재능이 유지되려면 개인의 꾸준함과 노력이 필요하다. 보통 사람이라면 그보다 능력이 뛰어난 사람에 비해 낮은 수준에서 발전을 시작할 것이다. 하지만 재능을 타고난 사람이라면, 남들에 비해 높은 수준을 발전의 출발점으로 삼아야 할 것이다. 이 말은 곧 그가 겪어내야 할 문제와 좌절 역시 보통 사람들보다 클 것이라는 의미이기도 하다.

발전은 개인 능력의 발전만을 뜻하지 않는다. 이것은 문제와 좌절을 마주하는 능력의 발전을 의미하기도 한다.

이는 운동선수에 비유할 수 있다.

어느 운동선수가 최대 시속 50킬로미터까지 속도를 올리면서 뛸 수 있다고 하자. 만약 그가 발전하고 더 나은 성적을 얻고자 한다면, 자신의 극한을 계속해서 뛰어넘어야 한다. 만약 그가 50킬로미터라는 한계점에 머물러 있다면, 결국에는 남들에게 추월당하고 말 것이다. 그가 앞으로 나아가지 않는 동안 다른 사람들은 그를 따라잡을 것이기 때문이다.

작은 일부터 시작하고, 사실로부터 출발하자

발전하고자 한다면 자신의 능력을 벗어난 문제와 좌절을 끊임없이 겪어야 한다. 이는 발전하기 위한 필연적인 과정이다.

이런 관점을 갖는 것은 긍정적인 효과가 있다.

그러나 부정적인 측면도 가지고 있다. 이런 관점은 종종 우리를 문제와 좌절에 지나치게 집중하게 만들고 주변 상황, 특히 사소한 일들을 잊어버리게 만든다. 이것은 큰 부분에서 구멍이 뚫리는 결과를 가져 온다. 작게는 정체되어 앞으로 나아가지 못하고 심지어 퇴보하게 만들기도 한다.

개인의 발전은 결코 기업의 발전과 같지 않다.

기업이 발전에 대해 중요하게 생각하는 점은 개인이 가진 어떤 능력에 대해 장점은 살리고 단점을 피하는 것을 따지는 것이다. 그리고 팀원들 사이의 협력을 통해 그 결점을 메꾸는 것이다. 그러나 개인의 발전은 이와 크게 다르다.

개인의 발전은 일을 완벽하게 처리하는 것이 결코 아니라는 사실을 알고 있어야 한다. 삶이 일보다 훨씬 중요한 것이다.

실제의 삶 속에서 능력이 뛰어난 사람이 생활에 잘 적응하는 것은 결코 아니다. 마음이 너그럽지 못하거나 사람을 아낄 줄 모른다면 마찬가지로 다른 사람들의 관심과 배려를 얻을 수 없으며 베풀고 받는 데서 오는 만족감을 느낄 수 없다. 게다가 사물을 세심하게 살필 줄 모른다면, 삶 속의 사소한 행복도 느낄 줄 모르게 될 것이다.

우리에게 즐거움을 주는 수많은 것들은 결코 그것이 강한 호소력을 가지고 있기 때문이 아니라, 그런 사소한 행복이 삶의 정수를 느끼게 해 주기 때문이다.

또한 작은 문제를 처리하는 과정에서 어떤 단점이나 부족한 부분이 드러난다면, 당신은 큰 문제를 대할 때 그와 똑같은 결점을 드러내기 마련이다. 그러므로 '사소한 일'에 주목해야 한다.

만약 당신이 삶 속에서 자신의 능력을 뛰어넘는 일에만 집중하고 있다면 과도한 스트레스에 시달리게 될 것이다. 이는 행복한 삶에 대한 기대와 희망을 잃어버리게 만들고, 발전의 진수가 무엇인지 이해할 수 없게 만든다.

어떤 사람들은 능력이 그렇게 뛰어나지 않은데도 주목과 인정을 받는다. 그 이유는 사소해 보이는 일에서도 그들이 언제나 사람들을 감탄시키기 때문이다.

"인생은 가까이서 볼 때 더 아름답다."

사물을 세심하게 들여다보는 태도를 잃어버리면 당신은 가장 행복하고 진실한 삶을 경험할 수 없게 된다.

사람은 결코 일을 하기 위해 살아가는 것이 아니다. 잘살 수 있어야 확실하게 긍정적인 태도로 일을 해 나갈 수 있으며 그렇게 해야만 일에 대한 능력도 키울 수 있는 것이다.

만약 일이 어떤 부담으로 변해 버린다면, 그 발전에 무슨 의미가 있을 수 있겠는가?

톨레도 Alejandro Toledo 의 법칙

— 나와 다른 생각을 받아들일 것 —

영리한 사람은 그가 분명한 세계관, 인생관, 가치관을 가지고 있다는 가정 하에, 자신의 원칙에 어긋나는 문제를 접했을 때 동시에 상반되는 두 가지 생각을 받아들일 수 있다. 그리고 어렵지 않게 그 문제에 대처한다. 이것이 톨레도의 법칙이다. 이 법칙은 사람들의 생각의 차이를 드러낸다

문제의 입체성을 고려하자

교육 수준이나 생활환경과 같은 요인의 영향 때문에, 개인이 사물을 대하는 관점이나 가치관, 취향은 모두 분명한 차이를 드러내게 되어 있다. 개인이 집단 속에서 자신의 독립적인 사고방식과 독특한 행동 방식을 유지할 수 있는 것은 이런 차이가 아주 중요한 작용을 하기 때문이다. 게다가 이런 차이는 아주 오랫동안 누적되고 발전하는 과정 중에 끊임없이 강화되고, 더욱 선명해진다.

개인은 독립적인 사고와 행동방식을 가지고 있다. 그러므로 우리는 그가 가지고 있는 사물에 대한 관점과 가치관, 취향을 통해 그가 사물이나 문제를 대하는 태도와 관점을 판단할 수 있다.
예를 들어 우리는 통계를 다루는 일에 종사하는 사람들의 생각과 행동을 통해 그들이 신중하고 보수적인 성향을 띤다는 사실을 직관적으로 알아챌 수 있다. 그들은 항상 수많은 요소를 고려한다. 뿐만 아니라 상황의 발전에 영향을 미칠 가능성이 있는 요인들을 더욱 주도면밀하게 따져 본다. 그들의 행동 방식은 전통적이고, 문제를 해결할 때 제2안 같은 것은 생각하지 않는다. 이런 행동은 모두 그들의 신중함과 보수적인 성격을 반영한다.

우리는 모든 사물이 양면성을 띤다는 사실을 알고 있다. 어떤 상황이 전개되어 나가는 과정에서, 양면을 모두 고려하는 것은 이미 사물을 대할 때 지녀야 할 모범답안적인 태도가 되었다.
당신의 삶을 자세히 들여다보면, 여러 가지 면에서 당신의 생각과 표현이 일관되어 있다는 것을 알 수 있을 것이다.

어떤 사람들은 습관적으로 왼손을 쓰고 대부분의 사람들은 오른손을 쓴다. 오른손을 쓰는 사람이 많기 때문에 왼손을 쓰는 사람들은 '왼손잡이'라고 불린다. 생물학적으로 '왼손잡이'는 잘못된 부분이 전혀 없을 뿐더러 오른손을 사용하는 사람들과 똑같이 건강한 생리적 상태를 갖고 있다. 그러나 대다수의 사람들은 왼손을 쓰는 것을 정상이 아니라고 여긴다. 오른손을 써야 정상이라는 것은 어릴 때부터 굳어져 온 생각이다. 대부분의 사람들은 왼손을 자유자재로 쓰지 못한다. 그래서 그들은 머릿속으로 왼손을 쓰는 지극히 정상적인 상태를 비합리적인 현상이라고 규정해 버린 것이다.

사람들의 서로 다른 습관은 생각의 차이를 가져온다.
이것은 나아가 사람과 사람 사이의 모순과 대립을 가져오기도 한다.

사람들의 생각, 태도, 관점은 심각한 편향성을 가지고 있다. 이런 편향성은 사물을 보고 가치를 판가름하는 데 영향을 미치게 된다. 행동은 생각의 영향을 받고, 그 생각은 경향성을 띈다.

이는 또한 일을 처리하는 방식과 관점, 태도에서 사람들을 서로 대립하게 만들어 관계를 경직되게 만들고 불이익을 낳게 한다.

'생각의 다름'을 부정하는 것은 소극적인 태도다

생각의 다양성은 객관적으로 존재하는 사실이다. 어떤 사람의 어떤 행동도 이 사실을 바꿀 수는 없다. 그러므로 서로 다른 생각을 배척하고 심지어 다른 생각을 부정하는 것은 근본적으로 불가능한 일이다. 나날이 변화하는 사회 환경 속에서 생각의 독특함과 차별성이 생기는 것은 지극히 정상적인 일이다.

이는 역사와도 맥을 같이한다.

일본 사람들의 생각은 연대와 협력에 치우쳐 있다. 그들은 집단의 연대와 협력을 통해 국가의 발전을 이루기 위해 최선을 다한다. 바꾸어 말하면, 일본 대중의 행동은 이런 생각의 발전을 촉진시킨다. 하지만 미국에서는 개인의 영웅주의가 더욱 추앙받는다. 개인 능력의 작용과 영향을 더욱 중요하게 여기는 것이다.

영화 「람보」에서, 실베스터 스탤론은 그 개인의 능력에 의지해서 긴박한 위기의 국면을 되돌리고, 전체적인 정황을 통제한다. 이것이 미국인들이 가진 영웅주의가 드러나는 지점이다.

일본과 미국 이 두 나라 국민들이 가지고 있는 생각에는 결정적인 차이가 있지만, 이것이 어떤 생각이 좋고 나쁜 것인지를 판단하는 근거가 될 수는 없다. 미국이 세계 최강국이라고 해서 그들의 영웅주의가 연대와 협력보다 강한 힘을 가지고 있다고 생각할 수는 없다. 이 두 가지 사고방식은 두 나라의 발전에 각각 중요한 영향을 미쳤다. 어떤 생각의 형성과 발전이든 역사, 환경, 문화 등의 요인의 영향을 받은 것이다. 차이가 발생하는 것은 필연적인 것이다.

사실이 갖는 양면성을 고려할 때 생각의 차이는 인정할만한 가치가 있는 것이다. 사물의 본질이 양면성을 가지고 있는 것이 아니라, 서로 다른 생각이 그 사물에 양면성을 부여하는 것이다.

사과 하나는 그 자체로는 어떤 긍정이나 부정적인 양면적 특징을 갖지 않는다. 서로 다른 생각이 이 사과에 양면성을 부여하는 것이다. 어떤 사람들이 보기에 사과는 아주 좋은 사물이다. 먹을 수도 있고 즙을 내서 마실 수도 있다. 하지만 문제적인 사고방식을 가지고 있는 사람에게 사과는 사람을 다치게 하는 도구가 될 수도 있다.

사고방식의 차이는 서로 다른 가치관에 대한 편향을 가져올 수 있다.

어떤 사람은 사물의 좋은 면을 보며 긍정적인 마음으로 문제를 해결하는 것에 집중한다. 이는 자신의 강점을 확대해서 문제를 해결하는 방식이다. 반면에 어떤 사람은 사물의 부정적인 면에 집중해서 부정적인 마음으로 문제를 해결한다. 이는 부정적인 문제가 더 심하게 발전하는 것을 통제함으로써 문제를 해결하는 방식이다.

이 두 가지 문제 해결 방식은 본래 어떤 긍정이나 부정적인 요인을 가지고 있는 것이 아니다. 생각의 편향 또한 어떤 긍정이나 부정으로 구분되는 것은 아니다. 그 생각들은 모두 동등한 평가를 받을만한 것들이다.

우리는 생각의 차이와 그 합리성을 인식해야 한다. 모든 생각은 동등한 평가를 받아야 한다. 생각의 차이는 그 생각 자체가 좋고 나쁨을 판단하는 기준이 될 수 없다.

그렇다면 서로 다른 생각을 배척하는 것은 어떤 영향을 가져올 수 있을까?

만약 상대방이 왼손을 사용한다는 이유로 그를 '왼손잡이'라고 깎아내린다면, 이는 분명 두 사람 사이의 관계에 중요한 영향을 미치게 될 것이다.

사람 사이의 관계는 서로의 관점과 필요가 전달되고 충족되는

과정이다. 그런데 상대방의 관점이나 생각을 받아들일 수 없다
는 것은 곧 상대방이 필요로 하는 것을 만족시켜줄 수 없다는
뜻이 된다. 그러면 그 관계는 가치를 잃어버리게 된다.

지혜를 모으는 지혜

톨레도의 법칙은 상대방의 생각을 받아들이는 것이 그 사람을
존중하는 가장 중요한 방식이라는 사실을 보여 준다.

생각에 대한 존중은 상대방으로 하여금 당신에 대해 좋은 감정
을 갖게 만들고 당신의 생각을 받아들일 뿐 아니라 그 관점에
공감하게 만든다. 그러므로 효과적인 관계를 형성하는 데 긍정
적인 영향을 미치게 된다.

다른 사람의 생각을 받아들이는 것은 상대방을 긍정하는 태도를
보여주는 방식이다. 서로를 인정하는 기초 위에서 관계가 보다
쉽게 만들어질 수 있고 또한 더 원활하게 유지될 수 있다.

인간관계에 가장 중요한 영향을 미치는 부정적인 요인은 바로
일방적으로 부정해 버리거나 상대방에게서 부정을 받는 것이다.

인간관계에서 생각의 갈등을 피하기 위해서는 다음 몇 가지를
알아두어야 한다.

첫째, 생각 그 자체는 긍정적인 것도 부정적인 것도 아니다.

그러므로 서로 다른 생각은 동일하게 존중을 받아야 한다.

둘째, 생각 그 자체에는 긍정이나 부정의 구분이 없지만 생각을 전하는 과정은 긍정적일 수도, 부정적일 수도 있다.

잘못된 표현 방법이나 부정적인 인식 태도는 상대방이 당신의 관점을 어떻게 받아들이는지에 영향을 줄 수 있다. 부정적인 마음은 생각의 전달에 영향을 미칠 수 있다. 이는 상대방이 당신을 부정적으로 보게 만들고, 관계를 만들어 나가는 과정에 장애물이 될 수 있다.

셋째, 내 생각과 다른 생각을 받아들이면 능력이 신장된다.

자신의 생각과 다른 생각을 받아들여 문제를 해결하는 과정에서, 당신은 또 다른 관점에서 문제를 바라볼 수 있게 된다. 문제를 해결하는 각종 방식의 장점에 대해 종합적으로 고려하고, 문제를 효과적으로 해결할 수 있게 되는 것이다. 이 과정에서 문제를 해결하는 능력이 자연스럽게 커지기 마련이다.

넷째, 상대방을 인정해야 좋은 관계를 만들 수 있다.

앞에서 이야기한 것처럼 상대방의 생각을 인정하면 상대방 또한 쉽게 당신의 생각을 인정할 수 있게 된다. 관점과 필요를 나누면 서로에 대한 인정과 만족감을 얻을 수 있다.

다섯째, 다른 생각을 인정하는 과정에서 다양한 생각의 강점들을 종합해 볼 수 있다.

무엇보다 이 과정에서 생각이 다르다는 이유로 갈등을 빚고 대립하는 일을 피할 수 있게 된다.

초왕楚王의 사례는 기업의 경영자에게 똑같은 시사점을 던져 준다. 기업을 경영하는 과정에서, 경영자는 중요하지 않은 문제에 대해서는 때때로 아무것도 모르는 척을 해 보는 것이 좋다.

'어리숙한 경영자'가 되면 오히려 직원들의 신뢰를 얻고, 그들의 열정을 키울 수 있다.

테리Fernando Terry의 법칙

― 잘못을 인정하는 용기를 지닐 것 ―

잘못을 인정하는 것은 엄청난 힘의 원천이 된다. "오류를 인정하면,
오류가 아닌 다른 것을 얻을 수 있다." 이것이 테리의 법칙이다.

잘못을 인정하는 것은 책임감의 또 다른 표현이다

잘못을 인정하는 것은 책임감의 표현이다. 그것은 잘못을 저지른 사람이 자신이 잘못한 결과를 책임지겠다는 표현이다.

이는 또한 사람이 스스로를 존엄하게 할 수 있는 하나의 방식이기도 하다.

우리는 다른 사람들과의 관계에서 습관적으로 자신의 강점을 가지고 권위를 내세우려 한다. 어떤 면에서 특출함을 드러내고, 다른 사람들을 뛰어넘는 성과를 보이기도 한다. 이것들은 모두 자기과시의 근거가 된다. 이런 자기과시의 심리 때문에 다른 사람들과의 관계에서 자신의 강점에 집착할 뿐 잘못으로 인해 초래된 결과를 책임지는 것에 대해서는 별 관심을 두지 않는다. 그러나 그 결과는 다른 사람들과의 교류 능력과 범위가 모두 위협을 받게 되는 것이다.

그러나 어찌 보면 잘못을 저지르는 것이 곧 강자임을 드러내는 것이다. 잘못을 인정하고 그에 대한 책임을 짐으로써 문제는 효과적으로 해결되고, 문제를 해결하는 과정에서 그 잘못이 어떤 교훈을 줄 수 있는지 정리할 수 있다. 그렇게 자신의 발전을 이룰 수 있는 것이다.

심리적인 면에서 볼 때 자신의 좋은 면을 보여 주고 결점을 숨기려는 것은 다른 사람들과의 관계에서 나타나는 정상적인 편향이다.

우리는 누구나 좋은 것을 받아들이고, 좋지 않은 것은 멀리하고자 한다. 이는 긍정적인 마음의 편향이다. 반면 잘못을 한 뒤에는 그 잘못이 부끄럽고 사람들에게 받아들여질 수 없는 것이라 여기게 된다. 용기 있게 잘못을 인정하기를 꺼리게 되는 것이다. "내가 어떻게 이런 잘못을 저지를 수 있지?"

대다수의 사람들은 잘못을 한 뒤에 모두 마음속으로 이렇게 생각한다. 게다가 그 잘못이 생각지 못한 것이고, 혹은 신중하거나 꼼꼼하지 못해서 야기된 것일 경우 잘못을 인정하는 것이 곧 자신이 신중하지 못하고, 세심하지 못한 사람이라는 것을 인정하는 것과 같아진다. 신중하지 못하고, 꼼꼼하지 못한 사람은 다른 사람들의 인정이나 찬사를 받을 수 없다. 그러므로 개인의 위신은 자연스럽게 손상된다.

그러나 잘못을 회피하는 것은 다음과 같은 두 가지 능력이 부족하다는 사실을 드러내는 것이다.

첫째, 잘못을 외면하는 것은 책임을 회피하는 것이다. 이는 자신이 잘못을 인정하는 능력이 부족하다는 것을 보여 준다. 자신의 행동에 책임을 질 줄 모르는 사람은 성숙하지 못한 것이다. 우리는 어렸을 때부터 이런 교육을 받아왔다.

"어른이 되려면 먼저 자신의 행동에 책임을 지는 법부터 배워야
한다."

성숙하지 못한 사람은 다른 사람의 인정을 받을 수 없다. 더욱이
위신을 세우는 것은 불가능하다.

둘째, 잘못을 외면하는 것은 발전 능력이 부족함을 나
타낸다.

잘못을 회피하기 시작할 때, 그 잘못은 곧 발전을 가로막는 장애
가 된다. 넘어지는 것을 두려워하지 않는 사람은 넘어졌던 자리
에서 계속 넘어지게 된다고 한다. 잘못을 외면하는 행동은 반드
시 그런 현상을 야기한다. 당신이 잘못을 회피할 때, 당신이 가
진 잘못을 통제하는 능력 또한 서서히 사라지는 것이다.

간단한 예를 하나 들어 보자.

툭하면 지각을 하는 초등학생이 있다. 그 학생은 집이 학교에서
가장 멀기 때문에 지각을 한다고 했다. 그러고는 '항상 지각을
한다.' 이 학생은 '지각'이라는 잘못을 합리화시켰다. 그래서 지
각을 하는 것이 잘못된 일이라는 생각조차 하지 못한다.

이 초등학생의 사례를 통해 잘못을 회피하는 것은 두 가지 부정
적인 결과를 초래함을 알 수 있다.

첫째, 자아의식 속에서 잘못된 행동을 합리화하는 것이다.

자신의 행동을 합리화할 수 있는 핑계를 찾아내 책임을 회피하는 것은 잘못된 행동을 '합리적인 원인'을 들어 합리화하게 만들고, 나아가 점차 정상적이고 일반적인 상황으로 인식하게 만든다. 위에 예로 든 초등학생의 경우처럼, 집이 먼 것을 항상 지각을 하는 이유로 삼아 부담해야 할 책임을 피하게 될 때, 이런 잘못은 곧바로 그의 의식 속에서 용인받게 된다.

간단히 말해, 잘못을 회피하는 것은 그 잘못을 고치는 것에 대해서가 아니라 핑계거리를 찾는 데 집착하게 만든다.

"실패에 대해 핑계를 찾지 말라."

이 문장이 지적하는 것이 바로 이러한 경우이다.

둘째, 잘못된 행동이 보편화되는 것이다.

서로 다른 사람들로 이루어진 집단에서, 일단 어떤 문제 상황이 발생하고 그 잘못을 저지른 사람이 잘못으로부터 도망침으로써 효과적으로 스스로를 보호했다면, 이런 종류의 잘못된 행동은 광범위한 인정을 받게 된다.

공평함을 추구하는 것이 모든 사람이 마음속에 보편적으로 가지고 있는 욕구라면, 다른 사람이 잘못을 저질렀을 때 그가 처벌을 받지 않는다면 자신이 똑같은 잘못을 저질러도 벌을 받지 않아야 한다는 마음이 자리잡게 된다. 결국, 개인의 잘못된 행동은 집단적인 행위의 방향을 이끌게 된다. 집단 안에서 잘못된 행위가 차츰 만연하게 되는 것이다.

잘못을 인정해야 문제를 바로 볼 수 있다

앞에서 이야기한 것을 통해 우리는 잘못으로부터 도망치고, 책임을 회피하는 것이 개인의 발전과 집단의 발전에 모두 부정적인 영향을 미친다는 사실을 이해하게 되었다. 정직하게 잘못을 마주해야 효과적으로 잘못을 피할 수 있고, 또 자신의 능력을 끌어올려 발전을 촉진할 수 있다.

잘못 그 자체는 부정 적인 측면을 가지고 있다. 그것은 개인 혹은 집단이 어떤 부분에서 손실을 입게 만든다.

하지만 잘못을 긍정적인 태도로 받아들인다면, 잘못은 또한 다음과 같은 긍정적인 영향을 주기도 한다.

첫째, 잘못을 인정하면 신속하게 문제를 해결하는 단계로 들어설 수 있다.

기업 혹은 어떤 조직의 발전 과정에서 책임감 있는 행동은 아주 중요하다. 기업 혹은 조직에 문제가 드러났을 때 대부분의 시간을 문제의 책임자를 찾아내는 데 사용한다면 문제를 해결하는 시간은 그만큼 줄어들기 마련이다. 이는 어느 틈에 조직의 작업 능률을 떨어뜨리게 된다.

능동적으로 잘못을 인정하면 효과적이고 신속하게 문제를 해결하기 위한 핵심이 무엇인지 발견할 수 있다. 나아가 문제를 해결할 수단을 찾아내고, 그와 비슷한 종류의 문제가 다시 발생하는 것을 막을 수 있다.

만약 누군가 잘못을 회피함으로써 책임지는 것을 피한다면, 그 집단은 그 과오에 이끌려가게 된다. 조직 안에서 집단적인 책임 회피 성향이 만들어지기 때문이다.

어느 날 어머니가 집에 돌아와 꽃병이 깨져 있는 것을 발견했다. 그래서 그녀는 세 명의 아이들에게 누구의 잘못인지를 물었다. 하지만 아이들은 모두 잘못하지 않았다고 했다. 결국 잘못을 책임질 사람을 찾지 못해, 신뢰에 문제가 생겼다. 세 명의 아이들 모두 어머니에게 의심의 대상이 된 것이다. 잘못을 저지른 건 한 아이였지만 나머지 두 명의 무고한 아이들도 똑같이 의심을 받게 된 것이다. 이 두 아이는 공정치 못한 대우를 받았기 때문에 반드시 불만이 생긴다. 이는 집단적인 책임 회피가 가져올 수 있는 영향이다.

둘째, 잘못을 인정하면 그 잘못을 분명히 볼 수 있다.
용기를 내어 잘못을 인정하기만 한다면, 객관적으로 문제를 마주할 수 있게 되고, 문제를 야기한 근본 원인을 발견할 수 있다. 문제를 개선할 방법을 강구함으로써 발전을 이룰 수 있고, 같은 잘못을 다시는 반복하지 않을 수 있다.

사람들은 어떻게 하면 발전할 수 있는지를 자주 묻는다. 발전할 수 있는 효과적인 방법을 찾지 못했다고 불만이다. 이는 사람들이 자신의 잘못을 인정하지 않기 때문이다. 진실한 자신을 바로 보지 않으면 발전의 방향과 방법을 찾을 도리가 없다.

개인이 책임을 지고, 잘못을 고친다면 그것은 집단의 행동에도 확실한 지침이 될 수 있다. 잘못을 인정하는 것이 곧 집단적인 현상이 되어, 집단의 발전에 더 큰 도움이 되는 것이다.

물론 여기에는 전제가 하나 깔린다.

집단의 리더가 개인이 자신의 잘못을 인정하는 행위를 긍정하고 그가 마땅히 져야 할 부담을 가볍게 해 주어야 한다는 것이다.

'꽃병 사건'을 떠올려 보자.

아이가 꽃병을 깨뜨렸을 때 어머니가 다짜고짜 험악한 분위기로 누가 그랬는지를 따지기보다 아이들이 잘못을 인정하는 것을 격려하고 누군가 잘못을 고백했을 때 벌을 피할 수 있게 했다면, 아이들은 틀림없이 자발적으로 나서서 잘못을 인정했을 것이다.

루이스의 법칙

— 겸손함이란 자신을 생각하지 않는 것 —

겸손은 스스로를 형편없는 사람이라 여기는 것이 아니라, 자신을 전혀 생각하지 않는 것이다. 스스로를 아주 좋은 사람이라 생각하는 사람은 다른 사람들을 형편없다고 생각하기 쉽다. 그리고 다른 이들의 의견을 소홀히 하게 된다.

'겸손한 척'을 버려야
스스로를 객관적으로 평가할 수 있다

아마 당신은 이미 겪어본 적이 있을 것이다. '보잘것없는 사람'의 의견이 사태를 발전시키는 결정적인 역할을 하는 경우가 아주 많다는 사실을 말이다.

당신은 부모님의 잔소리를 귓등으로 흘려 들었다가 아주 먼 길을 돌아가게 된 적이 있을지 모른다. 친구들의 충고를 무시했다가 그 결과 홀로 난처한 상황에 처한 경험이 있을 수도 있다.

당신이 경영자나 관리자라면 직원들의 요구를 귀담아듣지 않아 회사를 큰 곤경에 처하게 만든 적이 있을 지도 모른다.

어쩌면 당신은 스스로를 무시한 결과, 인생의 방향을 잘못 정하고 남몰래 후회한 적이 있을 것이다.

당신이 그 많은 길을 돌아가고, 홀로 난처한 상황에 빠지고, 곤경에 부딪히거나 후회만 남기게 된 이유는 쉽게 찾을 수 있다.

그것은 스스로를 지나치게 높게 평가하거나 너무 낮게 평가했기 때문이다.

사람이 자신을 지나치게 높이 평가하게 되면, 가장 중요한 의견을 쉽게 무시해 버리게 된다. 그러고는 아쉬움만 남기고 평생을 후회 속에서 살게 되기도 하는 것이다.

겸손함은 결코 가볍게 보아서는 안 될 품성 가운데 하나이다. 그러나 우리는 지금까지 겸손함을 표면적으로만 이해해 왔다. 혹은 그것을 잘못된 인식 속에 두었다고 할 수 있다.

사람들의 언행은 모두 겸손에 대한 일종의 잘못된 관념을 가지고 있음을 보여 준다.

누구나 살면서 이런 일을 겪어본 적이 반드시 있을 것이다.

다른 사람의 도움을 구할 때, 상대방이 "그래, 한번 해 볼게", "글쎄, 내가 할 수 있는 일인지 모르겠네…" 혹은 "이런 건 나도 잘 몰라" 하고 말하는 경우 말이다. 일반적인 상황에서 우리는 상대방의 이런 반응을 겸손함의 표현이라고 여긴다.

하지만 정말 그럴까?

상대방이 문제를 해결할 능력이 전혀 없을 때도 대답은 마찬가지다. 물론 다른 사람이 당신의 도움을 구할 때 당신도 똑같이 그렇게 말할 수 있다.

우리는 이런 행동들을 '겸손한 척'이라고 한다.

사람이 '겸손한 척'을 하는 이유는 자신에 대한 잘못된 평가와 밀접한 관계가 있다. 스스로에 대한 평가가 잘못되어 있을 경우, '겸손한 척'을 하게 되기 마련이다.

자기 자신에 대한 평가가 낮을 때, 당신은 쉽게 투지를 접고 삶과 일에 대한 열정을 잃어버리기 쉬워진다. 이런 사람은 사람들 사이에서 도태된다. 일이든, 공부든 아니면 일상생활에서든 우리는 이런 사람들을 한눈에 알아볼 수 있다.

자기 일에만 관심을 가지고 다른 사람들의 요구는 거들떠보지도 않는 사람, 공부에만 몰두하며 선비 같은 모습을 하고 있는 사람, 다른 사람들과의 관계에 수동적이며 의견을 물어도 얼버무리며 대꾸하고 상대방의 의견은 웃어넘겨 버리기 일쑤인 사람…….

반면에 스스로를 지나치게 높이 평가하는 사람도 있다. 이런 사람들은 종종 집단에서 단절된다. 건방지고 안하무인에 바라는 수준은 높으면서 실력은 없는 사람……. 이런 사람들은 언제나 집단에 부정적인 영향을 미치기 마련이다.

누구나 학교 다닐 때 이런 친구가 있었던 기억이 있을 것이다. 또한 그 친구에 대한 사람들의 평가가 좋지 않았다는 것도 기억할 것이다.

"걔는 뭘 믿고 그렇게 안하무인이래?"

이런 말에 당신도 공감했던 기억도 있을 것이다.

겸손함은 가장 완벽한 자신감이다

우리는 흔히 겸손함과 '나는 아직 완벽하지 못하다'는 인식 사이에 필연적인 연관성이 있다고 생각해 왔다. 겸손이라는 단어의 글자를 풀이해 보아도 무엇보다 자기 자신을 낮추는 태도를 뜻하는 말이기 때문이다.

그런데 겸손함이 어떻게 자신감과 같은 것이 될 수 있는 걸까?

아주 간단한 사례를 통해 겸손함의 진정한 의미를 살펴보자.

내가 이집트의 남부의 아스완이라는 도시에서 강연을 할 때의 일이다. 강연에 앞서 나는 친구 윌의 부탁으로 그의 회사에서 일하는 우수한 직원인 사브나와 리스탕의 면접을 보게 되었다. 두 사람을 만나 보고 그 둘 중에서 누구를 승진시킬지 판단해 달라는 것이었다.

이야기를 나누어 보니 사브나가 아주 성실하고 섬세하다는 것을 알 수 있었다. 그녀는 첫 만남에서부터 내게 아주 좋은 인상을 남겼다. 한편 리스탕에게서는 아주 강한 매력과 성취욕이 느껴졌다. 그래서인지 처음에는 리스탕에 대한 인상이 그다지 좋지 않았다. 내가 보기에 그는 자기 자신에 대해 지나친 자신감을 가지고 있었기 때문이다. 물론 이런 것들이 나의 최종적인 판단을 좌우했던 것은 아니다.

윌과 나는 세세한 이야기를 나눈 후에, 사브나와 리스탕에게 각각 똑같은 과제를 완수하도록 했다. 완성한 과제의 질과 효율성을 보고 누구를 승진시킬 것인지 결정하게 될 것이었다.

과제를 전해 주자 사브나와 리스탕은 둘 다 골똘히 생각에 잠겼다. 어떤 방법을 써서 어떤 순서로 일을 진행해야 완성도를 높이면서 속도 또한 낼 수 있는지 고민하는 것 같았다.

윌과 나는 과제를 내 주기에 앞서 이 일을 완수하는 데 걸릴 대략적인 시간을 계산해 놓았다. 우리의 계산에 따르면 이 작업은 주어진 도구와 방법을 이용하면 아무리 빨라도 사흘은 걸려야 끝마칠 수 있는 것이었다.

"당신은 이 일을 완성하는 데 시간이 얼마나 걸릴 것 같습니까?" 내가 이 문제를 냈을 때 사브나와 리스탕은 이미 결론을 가지고 있었다.

리스탕은 자신만만한 얼굴로 이렇게 말했다.

"작업 과정 전반에 대한 전면적인 권한을 주신다면 이틀이면 됩니다."

나는 잠시 리스탕의 이 말이 자신감인지 아니면 자만심인지 판단할 수 없었다. 한 기업의 관리자로서 그가 제시한 시간은 아주 구미가 당기는 것이었다.

한편 사브나는 아주 침착하게 대답했다.

"저는 사흘은 있어야 이 일을 완성할 수 있을 것 같습니다."

윌은 사브나의 이 '겸손한' 표현을 아주 마음에 들어 했다.

그날 오후, 사브나와 리스탕은 각자의 작업대로 돌아가 이 일을 전면적으로 꼼꼼히 분석하기 시작했다.

그리고 결과는 윌의 예상과는 전혀 다르게 나왔다.

리스탕은 정말 이틀 안에 그 일을 완성해 냈다.

자세한 분석 결과 리스탕은 생산 과정에서 아주 사소한 문제를 발견했고 조정을 통해 문제를 해결해서 속도를 끌어올릴 수 있었다. 그러나 사브나는 꼼꼼하게 분석한 후에 이 문제를 똑같이 발견했지만 일을 끝마치는 데는 결국 꼬박 사흘이 걸렸다.

똑같은 생산 과정, 똑같은 생산 설비를 가지고 어떻게 각기 다른 결과가 나온 것일까?

두 사람을 자세히 살펴본 결과 문제의 답을 발견할 수 있었다.

문제는 사브나의 지나친 겸손에 있었다.

새로운 생산 과정은 수많은 문제를 파생시킬 수 있었다. 이런 문제들은 각 팀과의 조율을 통해 해결하며 공통으로 완성해야 하는 것이었다. 그러나 사브나의 지나친 겸손은 그녀가 문제를 맞닥뜨렸을 때 과감히 그 문제를 해결할 방법을 제시할 수 없게 만들었다. 이 문제들이 모두 사브나의 통제 하에 있었지만 그녀의 생산 효율은 리스탕보다 낮았다.

결국 리스탕이 승진을 하게 되었다.

이 일은 윌과 나에게 겸손함의 진정한 의미가 무엇인지를 다시 한 번 일깨워 주었다.

루이스가 말한 것처럼 겸손이란 우리 스스로를 별 볼 일 없는 사람으로 여기는 것이 아니라 스스로를 잊어버리는 것이다.

사실 우리는 현실 생활 곳곳에서 '사브나'의 그림자를 발견할 수 있다. 사람들은 언제나 스스로에게 의문을 가지고, 의심하며, 심지어는 스스로를 깎아 내리기도 한다.

애쉬Ash의 법칙

― 문제를 인정하는 것은 문제를 해결하는 첫걸음 ―

문제를 인정해야 그 문제를 해결할 수 있다. 문제를 인정하는 것은
문제를 해결하는 첫걸음이 된다. 이것이 애쉬의 법칙이다.

뜻밖의 상황은 언제나 생긴다

중요한 것은 문제를 발견하는 것이다.

우리 주변에는 언제나 '별 일 없는' 사람이 있다. 그들의 말대로라면 천하가 태평할 것이다.

하지만 그런 태평한 상태는 그리 오래가지 못한다.

문제에 직면하게 되면 그들은 진땀을 흘리다가 결국에는 사면초가의 지경에 빠지게 된다.

어째서 이런 일이 일어나는 것일까?

일을 시작한 시점에서 신경 쓸 문제가 아무것도 없다고 확신하고, 손쓸 수 없는 국면으로 사태가 진전될 만한 특이점이 아무것도 없다고 파악했기 때문이다.

문제의 결정적인 원인은 여기에 있다.

어떤 일이나 상황에서 그것을 처리하는 과정에는 반드시 여러 가지 문제들이 생기기 마련이다. 기계화되어 물 흐르는 듯한 생산 과정 역시 시간, 사람, 환경과 같은 조건들의 영향으로 수많은 문제들을 겪게 된다.

당신 또한 이미 편안한 상태에 있는 건 아닐까.

"이 일은 이미 수없이 반복한 것인데 한 번도 문제가 생긴 적이 없어." 바로 이런 마음가짐이 일의 발전 과정에서 일어날 수 있는 문제들을 소홀히 여기게 만들고, 결국 손쓸 수 없는 국면으로 나아가게 만드는 것이다.

예를 들어, 산토니의 회사가 3년 사이에 소형 기업에서 시카고에서 아주 중요한 위치를 가진 기업으로 발전했던 것은, 그가 관리 방면에 타고 난 재능이 있었다는 것을 증명한다.

그가 실패하자 사람들은 모두 그것을 뜻밖의 일로 생각했다. 그러나 산토니가 실패했던 이유는 그에게 적절한 위기감이 없었기 때문이다. 산토니는 이 문제를 놓고 한 친구와 격렬한 논쟁을 벌인 적이 있었다. 산토니는 친구에게 이렇게 말했다.

"위기감은 나를 무너질 것 같은 벼랑 끝으로 내몬다. 게다가 그것은 내 회사의 활력을 잃어버리게 만든다. 문제가 생기면 언제나 해결책이 있기 마련이다."

우리들은 모두 티끌모아 태산, 천리 길도 한 걸음부터의 이치를 알고 있다. 문제가 쌓여 있지 않은 상황에서는 그 문제를 쉽게 해결할 수 있다. 그러나 계속해서 쌓여 가다 보면, 점점 더 해결하기도 어려워져 사태가 통제 범위를 벗어나게 되는 것이다. 산토니가 바로 그 전형이다.

기업의 빠른 발전은 필연적으로 수많은 문제를 가져오기 마련이다. 그러나 산토니는 이 문제들의 존재를 가볍게 여겨, 결국에는 기업이 돌이킬 수 없는 지경에 이르고, 쇠락의 길로 들어서게 된 것이다.

순조로운 상황에서도 위험을 잊지 않아야
문제의 싹을 제때 잘라낼 수 있다

아무런 문제없이 편안한 때에도 문제의 존재를 인정하고, 그 문제를 해결하기 위해 전력을 다해야 한다. 이것이 문제를 대하는 가장 좋은 태도이다. 또한 좀 더 앞을 내다보며 스스로를 격려하는 방식이다. 생각과 행동이 정체되면 이미 사태를 통제하는 능력을 잃어버린 것이라고 할 수 있다.

우리는 평소에 다음과 같은 말을 흔히 한다.

"전체를 장악하는 능력은 관리자가 반드시 갖춰야 하는 능력 가운데 하나이다."

그런데 전체를 장악하는 능력이란 어디서 나오는 것일까?

로니 오설리반은 전 세계의 당구 팬들을 열광시킨 스누커의 스타이다. 팬들이 그에게 빠져드는 이유는 그가 가진 화려하고 정확한 패스와, 강력하고 빠른 플레이 스타일 때문이다. 선수는 공을 치기 전에 일어날 수 있는 문제 상황을 미리 예상해야 한다. 그리고 실제 상황에 맞춰 큰 문제들을 작은 것들로 세분화해야 한다. 이는 스누커 선수들이 갖춰야 하는 기본적인 소양 가운데 하나이다.

한 군데에 쌓여 있는 공들은 하나의 큰 문제에 비유할 수 있다. 넓게 퍼져 따로따로 놓여 있는 공은, 쉽게 처리할 수 있는 문제들이다. 스누커 게임에서 공을 치는 과정은 문제를 해결하는 과정에 비유할 수 있다.

뛰어난 스누커 선수가 되기 위해서는 뛰어난 기술력뿐 아니라, 공이 나아갈 방향을 정확히 예측하는 안목과 전체 흐름을 장악하는 능력이 필요하다.

일이나 사건을 처리하는 과정에서도 스누커 경기를 하는 것처럼 명심해야 할 점이 있다.

그것은 즉 하나하나 퍼져 있는 작은 공을 치려고 준비할 때, 한데 크게 뭉쳐있는 공들이 작은 공의 진행을 방해하는 장애물이 될 수 있다는 사실이다. 그럴 때는 끊임없이 위치를 조정해야 정확하게 공이 나아갈 방향을 예측할 수 있게 된다.

당구 테이블 위의 공은 한눈에 위치를 알아볼 수 있지만, 현실에서는 사태가 뒤엉켜 있기 마련이다.

스누커 선수들은 어렵지 않게 그 다음 수의 방향을 정할 수 있지만, 현실에서는 일이 어떻게 진행될지 예측하기 어렵다. 다시 말해, '편안한 때에 위기를 생각하는 것'이 불가능하다. 상황이 어느 방향으로 발전할지 예측할 수 없으며 위험이 어디에 있을지 알 수가 없다.

그렇다면 어떻게 해야 '편안한 때에 위기를 생각하는 것'이 가능할까? 답은 아주 간단하다. 전체 판을 꿰뚫고 있는 것이다.

태도가 미래를 결정한다

무엇이 잘못되었는지 알아야 그것을 고칠 수 있기 때문이다

문제를 인정해야만 문제를 해결할 수 있다는 애쉬의 법칙이 강조하는 것은 발전적인 태도이다. 문제 해결과 개인 능력의 신장은 모두 이런 일련의 과정을 거치게 된다.

문제는 어떻게 발생하는가? 자아의식의 측면에서 생각해 보았을 때, 문제가 발생하는 것은 자아의식의 평소 상태와 관련이 있다. 똑같은 문제 앞에서 우리는 각자 자신만의 태도를 보인다는 것이다.

간단한 예를 하나 들어 보자.

성인이라면 10~15킬로그램 정도의 물건은 어렵지 않게 들 수 있다. 하지만 아이에게는 그것이 아주 어려운 일이다. 성인과 아동은 육체의 힘과 현실 상황을 바꿀 수 있는 역량에서 큰 차이를 보인다. 10~15킬로그램의 무게가 다르게 적용되는 것이다.

만약 무게가 1~2킬로그램밖에 안 되는 속이 빈 철 덩어리 위에 '200킬로그램'이라고 쓴 표시를 붙여 둔다면, 건강한 성인이라면 이것을 한번 들어볼 수 있지 않을까? 그런데 부정할 수 없는 사실은 대다수의 사람들이 그 속 빈 철 덩어리를 드는 것을 포기해 버리고 만다는 것이다. 그 일이 자신들의 현실적인 조건을 넘어 선 문제라고 여기기 때문이다. 1~2킬로그램밖에 안 되는 무게가 절대로 풀 수 없는 문제가 되어 버린 것이다.

평상시의 의식은 상황의 발전에 결정적인 영향을 미친다.

대부분의 성인들은 자신의 경험에 근거해 '불가능한 일'을 시도해 보지 않는다. 이런 평소의 의식 때문에 '200킬로그램'이라고 표시되어 있을 뿐인 물건이 실제 200킬로그램만큼 '무거운' 물건이 된 것이다.

이 사례만 보더라도 평상시의 의식이 개인의 발전에 얼마나 중요한 영향을 미치는지 알 수 있다. 평상시의 일반 의식은 곧 그가 일을 처리하는 태도로 귀결된다.

개인이 문제나 도전에 직면했을 때 문제의 난이도가 그의 일반 의식에 중대한 충돌을 일으킨다면, 그는 아주 쉽게 좌절해 버린다. 능력 또한 제한을 받게 된다.

문제를 마주했을 때 자신의 의식을 마음대로 조절할 수 있다면, 시시각각 다가오는 문제와 도전을 받아들일 준비가 된 것이다. 그렇게 되면 사태의 진행을 자신의 통제 범위 안에 둘 수 있다.

소동파蘇東坡 효과

— 자신을 분명하고 정확하게 인식할 것 —

우리는 대부분 자기 자신을 정확하게 알지 못한다. 이것은 중국 고대의 시인 소동파가 이야기했던 그대로이다. '루산의 진면목을 알수 없는 까닭은 이 몸이 이 산 속에 있기 때문이다.'몸이 루산 속에 들어와 있기 때문에 보다 구체적이고 진정한 루산의 모습을 볼 수가 없는 것이다. 이 말을 사람에 대입시켜 보면, 자아를 벗어날 수 없기 때문에 자신을 정확히 인식할 수 없다는 이야기이다.

잘못된 자기 인식은 '진정한 자아'를 잃게 한다

사람은 결코 단순한 존재가 아니다. 두 개의 서로 다른 부분이 한 사람의 전체를 이룬다. 이에 대해 과학자들은 '주체적 자아'와 '타자적 자아'의 개념을 제시했다. 사람들이 어떤 대상을 선택하거나 평가하는 것은 '주체적 자아'와 '타자적 자아'의 영향을 받았기 때문이다.

이 둘은 대부분의 경우 서로 대립한다.

'주체적 자아'는 진실한 표현과 진실한 평가와 관련되어 있다. 하지만 이런 진실성은 표면적인 것에 불과하다.

'꽃병은 꽃병이다.'

다른 사람들의 칭찬은 칭찬일 뿐이다.

하지만 '타자적 자아'는 있는 힘을 다해 깊은 층위에 숨겨져 있는 의미를 찾아낸다. 주변 환경과 상대방에 대한 정보를 바탕으로 상반되는 내용을 찾아내기도 한다. 다시 말해 꽃 화분 하나는 더 이상 그저 화분 하나가 아닌 것이다. 그것은 독을 품고 있을 수도 있고, 가시가 있을 수도 있다. 칭찬과 칭송 또한 무작정 좋은 거일 수만은 없다.

어떤 대상과 평가를 마주할 때, 개인은 두 가지의 완전히 대립되는 생각을 가질 수 있다. 이로 인해 스스로를 모순과 혼란 속에 빠뜨리게 된다. 하지만 이것은 결코 부정적인 상태가 아니다. 객관적이며 보편적인 성향을 갖춘 자아 상태인 것이다.

누구나 '주체적 자아'와 '객체적 자아'의 영향을 받을 수 있다. 그리고 어떤 사물에 대한 선택적 평가를 내릴 수 있다. 이런 상황 자체는 부정적인 게 아니다. 사물에 대한 서로 다른 측면에서의 이해를 통해, 효과적으로 가장 정확한 처리 방식을 찾을 수 있기 때문이다. 이 과정을 통해 우리는 효과적으로 자아를 실현하고 사물을 장악할 수 있게 된다. 이로부터 자기 발전을 실현하는 것이다.

모든 사물은 양면성을 띠고 있다. 이런 관점은 자아의 양면성으로부터 도출된 것이다. 물고기에게 물은 생명의 근원이며, 단지 물이라는 한 가지 함의만 가지고 있을 뿐이다. 하지만 생각을 할 줄 아는 인간에게 물은 그저 생명의 원천만이 아니다. 그것은 재난을 불러일으킬 수도 있다. 이것이 사물의 양면성이다.

그러므로 자신의 판단을 믿는 것은 사물에 대한 객관적이고 진실한 인식을 잃어버리는 결과가 될 수도 있다. 이로 인해 선택에 실패하고 부정적인 영향을 만들게 되는 것이다.

바로 이런 이유 때문에 사람들은 자아에 대해 부정적인 인식을 갖게 된다. 이것이 곧 '자신을 잃어버린 자아 상태'이다.

자신 안의 혼란스러움과 대립은 쉽게 '자아의 정의'에 모순을 일으키고, 사물의 인식에 편차를 발생시킨다.

평가와 암시 등의 행동을 이해하는 데 착오가 생기고, 결국 무의식중의 선택을 하게 되는 것이다.

그래서 끊임없는 갈등, 오류, 실수가 되풀이되는 가운데 점점 자아의 인식 태도를 잃어버리고 스스로를 믿지 못하게 되고 심지어는 포기하게 된다. 이로부터 '자신을 잃어버린 자아 상태'가 만들어지는 것이다.

이는 또한 또 다른 면에서 한 가지 문제를 설명한다.

'어떤 사람들은 실패할 운명을 타고났다.'

이 문장은 어느 정도 타당성을 가지고 있다.

이런 타당성은 '자신을 잃어버린 자아 상태'에서 나타난다. 끊임없는 갈등과 오류, 실수 가운데 과격한 인식 태도를 가지게 되어 실패라는 결과를 낳는 것이다.

그것은 완전히 '주체로서의 자아' 혹은 '객체로서의 자아' 가운데 하나를 부정하는 것이다. 그리고 그중 하나가 자신의 발전을 온전히 끌고 가게 만드는 것이다.

이것은 모든 사물을 무조건 긍정적으로 보는 것과 같다. 그러나 실제로는 어떤 대상이든 부정적인 면을 가지고 있기 마련이다.

인생의 '초점'을 정확히 맞추자

'루산의 진면목을 알 수 없는 까닭은
이 몸이 이 산 속에 있기 때문이다.'
소동파의 이 시구는 우리의 자아 인식이 가진 불합리성을 드러
낸다. 그러나 우리는 이 문장이 동시에 아주 긍정적인 의미를 담
고 있다는 것을 알 수 있다.

먼저, 여행객으로서 당신이 갖고 있는 목적이 분명하다면, 예를
들어 한 그루 나무나 비어 있는 땅을 감상하고자 루산에 간다면
적당한 자리에 서기만 하면 이 목적을 쉽게 이룰 수 있다.
그러나 만약 당신의 목적이 루산의 전체 풍경을 감상하는 것이
라면 산봉우리의 가장 높은 곳에 올라야 루산의 모든 면모를 볼
수 있다.
이는 두 가지 서로 다른 자아 인식의 태도를 보여 준다.

목표 설정 방식은 자신의 목표를 분명히 이해할 수 있게 해 준
다. 자아를 실현하기 위한 분명한 목표를 설정하면, 이 작은 목
표에 대해 전면적인 장악이 가능하다는 점에서 목표를 달성하는
과정을 통해 자아의 어떤 면을 정확하게 인식할 수 있게 된다.
또한 정상에 올라 루산 전체의 풍경을 느껴 보겠다는 커다란 목
표는 스스로를 벗어나는 것을 이해할 수 있게 해 주며, 사물에

대한 전면적인 장악을 실현하게 해 준다.

두 종류의 자아 인식 상태를 하나로 합쳐 보면 가장 바람직한
자아 인식 상태가 된다. 끊임없는 자아 인식 가운데 객관적인 인
식을 쌓아 나가고, 거기에 자신을 벗어나 전체를 보는 인식을 종
합하면 합리적으로 부분과 전체의 관계를 조정할 수 있게 된다.
이 과정을 통해 가장 적합한 '초점'을 맞출 수 있게 되면, 자신에
대한 가장 분명한 인식을 가질 수 있게 된다.

자아만을 고집한다면 분명 모순과 혼란의 상태에 빠지게 될 것
이다. 이는 발전을 얽매게 된다. 문제에 직면했을 때는 문제 자
체에서 벗어나, 전체적인 국면에서 효과적인 대처법을 실현해야
할 것이다. 이 과정에서 관건이 되는 것은 방향을 명확히 하는
것이다. 미시와 거시의 효과적인 결합을 통해 발전의 방향을 정
확하게 찾아내야 하며 목표를 세움으로써 발전의 방향을 구체화
할 수 있도록 해야 한다. 이것이 발전에 더욱 도움이 될 것이다.

사회적 태만 효과

— 집단 속에서 길을 잃지 말 것 —

개인과 다른 구성원들이 집단으로 어떤 일을 수행할 때, 혹은 다른 사람과 함께 있을 때, 개인이 보이는 작업 효율은 한 사람이 혼자 그 일을 할 때보다 낮다. 활동의 적극성 또한 떨어진다. 이런 현상을 사회적 태만 효과라고 한다.

모든 사람은 남과 책임을 나누고 싶어 한다

독일의 심리학자 링겔만Maximilien Ringelmann은 줄다리기 시합으로
실험을 했다.

이 실험을 통해 사회적 태만 효과가 집단생활의 진실을 반영한
다는 사실이 밝혀졌다.

실험은 줄다리기 시합에 참가하는 인원의 수를 계속해서 늘리는
방법으로 진행되었다. 그리고 모든 사람이 각기 서로 다른 수의
사람들과 일을 할 때 발휘하는 능력을 측정해 게으름 효과의 영
향력을 판정했다.

이 기록을 통해 링겔만은 사람의 수가 늘어날수록 개인이 발휘
하는 힘의 크기는 차츰 줄어들었다는 것을 발견했다.

실험 결과는 매우 놀라웠다. 한 사람이 혼자서 줄을 당길 때 그
가 발휘하는 힘의 크기는 63킬로그램의 물건을 당길 수 있을 정
도였다. 3명의 사람이 함께 줄을 당겼을 때, 그가 발휘하는 힘은
53.5킬로그램이었다. 8명이서 함께 줄을 잡아당길 때는, 그가 발
휘하는 힘은 간신히 31킬로그램의 물건을 당길 정도밖에 되지
않았다.

이 실험을 통해 링겔만은 사회적 게으름 효과가 존재하며 그것이 단체 활동에서 드러난다는 사실을 증명했다.

링겔만이 지적한 것은, 동일한 임무나 활동에 참여하는 사람의 수가 많을수록, 그 일에 대한 개인의 작업 효율은 낮아진다는 것이다. 뿐만 아니라, 적극성 또한 줄어든다고 했다.

참여하는 사람의 수가 많아지면 그 일에 대한 책임감은 자연스럽게 참여한 모든 사람들에게 분배된다. 사람이 많아질수록, 개인이 그 일에 느끼는 책임감은 점점 줄어드는 것이다. 적극성 역시 그만큼 적어지고 효율 또한 낮아지게 된다.

이것은 보편적인 심리 경향이다.

곤경에 빠진 어떤 사람이 전력을 다해 돌파구를 찾고, 자신의 힘으로 그 곤경을 벗어나고자 할 때 그에 대한 책임을 지는 것은 단 한 사람이다. 그렇기 때문에 곤경에서 벗어나는 것은 그 한 사람의 일이 된다. 이럴 때 개인의 창조력과 적극성이 가장 분명하게 드러난다.

하지만 두 사람이 함께 곤경에 처했을 때, 대부분의 개인은 그 곤경을 벗어나는 일의 책임을 다른 한 사람과 일부 나누려 하기 마련이다. 이는 다시 말해 두 사람이 동시에 곤경을 벗어나는 일에 대해 책임을 진다는 것이다. 그러므로 한 사람이 혼자서 곤경을 벗어나려 할 때보다 노력의 양이 줄게 된다. 한 무리의 사람들이 곤경에 빠졌을 때 이런 현상은 더욱 명확하게 드러난다.

예를 들어 큰 배가 위험에 빠졌을 때, 배 위의 사람들이 많을수록 다치고 죽는 사람의 비율은 더 높아진다. 모든 사람이 위험에서 벗어나는 일에 대한 책임을 평균적으로 다른 사람들에게 나누기 때문이다. 이로 인해 골든타임을 놓쳐 버리는 경우가 허다하다.

또 다른 측면에서 보면 이런 현상이 일어나는 원인이 더욱 명확해진다.

한 사람이 혼자서 어떤 일을 하게 되면 그가 감당해야 할 책임의 양은 최대치가 된다. 하지만 그가 얻게 되는 성취감과 보상 또한 최대로 크다. 그러나 두 사람이 공동으로 한 가지 일을 하게 되면 소득 또한 똑같이 둘로 나누게 된다. 본래 한 사람이 누릴 수 있는 가치가 두 사람의 몫으로 나눠지는 것이다. 이는 자연스럽게 어떤 일이나 임무를 대하는 적극성을 떨어뜨린다.

이것을 우리는 사회적 태만 효과라고 부른다.

사회적 태만 효과는 또 다른 측면에서도 나타난다.

한 사람이 어떤 일이나 과제를 맡았을 때, 주변에 아무런 방해 요소도 없을 때, 그가 발휘하는 역량 역시 어떤 방해도 받지 않는다. 하지만 관계가 없는 사람들이 그 자리에 있을 때 그의 작업은 일종의 감시를 받는 상태가 된다. 이런 상황은 개인의 행동에 스트레스를 주게 되어 정상적인 수준으로 실력을 발휘할 수 없게 된다. 또한 스트레스의 영향으로 일에 집중되어야 주의가 주변의 환경으로 넘어가게 된다. 이로 인해 일의 내용에 집중하는 힘이 약해진다. 결과적으로 일에 대한 적극성이 크게 줄어들고 작업 효율은 더 크게 낮아진다.

팀은 반드시 공통의 목표와 기대를 가지고 있어야 한다

어떤 일이나 임무의 완성은 종종 팀 단위로 많은 사람의 힘을 필요로 한다. 그러나 사회적 태만은 팀의 효율과 적극성에 부정적인 영향을 미친다. 그러므로 팀 작업의 경우 이 게으름 효과를 없애거나 줄이는 것이 굉장히 중요한 일이 된다.

책임의 고른 분산과 외부 조건의 방해는 개인의 능률과 적극성을 근본적으로 떨어뜨리는 근본적인 원인이다. 게으름 효과의 영향을 없애거나 줄이고 싶다면, 반드시 그 팀은 공통의 목표를 세워야 한다.

공통의 목표를 세움으로써 목표를 이루는 것에 대한 기대를 유지하면, 팀은 효과적으로 하나의 이익 공동체로 융합될 수 있고, 개인이 그 일에 대해 갖는 책임을 강화할 수 있다.

팀 작업의 공통 목표를 이루고자 한다면 다음의 몇 가지를 주의해야 한다.

첫째, 평등과 공정함을 유지한다.

평등은 개인이 팀에 대해 가장 직접적으로 요구하는 것이다. 모든 사람은 팀에서 하는 일만 다를 뿐, 동등한 지위를 가지고 있어야 한다. 어떤 상이나 벌도 평등에 기초한다. 이렇게 해야만 개인이 팀 안에서 모든 사람이 고루 발전한다고 여기게 된다. 이는 개인의 적극성을 유지하고, 작업의 효율을 끌어올리는 데 아주 중요한 역할을 한다.

공정함은 평등함을 보여줄 수 있는 가장 직접적인 방식이다. 공정함을 유지하기 위해서는 팀원 각자의 서로 다른 작업 능력을 근거로 그에 상당하는 책임과 권위를 나누어야 한다. 또한 팀의 목표를 실현하는 과정에서 책임과 권력을 효과적으로 나누는 상태가 유지되어야 한다. 그렇게 해야 근본적으로 팀의 평등함과 공정성을 보장할 수 있다.

둘째, 팀의 역량을 강화한다.

팀은 어떤 임무를 완성하고, 조직의 목표를 실현하는 최종적인 책임자이다. 팀의 힘을 강화하기 위해서는 개인의 존재와 가치를 소홀히 해서는 안 된다. 협동 작업 과정에서 개인이 팀에 대해 갖는 중요한 의미가 계속해서 강화되어야 개인이 스스로의 가치와 짊어져야 할 책임을 의식할 수 있게 된다. 그렇게 되어야 개인의 적극성을 유지하고 작업 효율을 끌어올릴 수 있다.

셋째, 책임과 이득의 관계를 강화한다.

개인이 자신의 책임을 팀의 다른 사람들에게 미루게 되면, 팀의 구성원들은 이 점을 부정하고 비판한다. 어떤 책임은 그에 따른 보상을 의미한다. 이 점을 보장해 주어야 개인은 근본적으로 책임을 남과 나누려는 경향을 없앤다. 이는 집단 구성원의 숫자가 늘어날수록 한 개인이 얻을 수 있는 이득이 팀에 의해 나뉘는 것과 같다. 만약 팀 전체가 이런 경향을 그대로 내버려 두면 개인도 이를 자신에게 좋은 쪽으로 이용하게 되기 마련이다. 결과적으로 마땅히 져야 하는 책임에 대한 의식은 약해지고 일의 능률은 그만큼 떨어지며, 적극성 또한 감소하게 된다.

책임에 따라 이득에 차이를 두는 것은 팀의 발전에 중요한 역할을 한다. 서로 다른 성과에 대해 서로 다른 대우를 해 주는 것은, 더 많은 책임을 부담한 사람이 더 많은 이득을 얻을 수 있게 한다. 이렇게 해야 개인이 자신에게 주어진 책임을 남과 나누려는 생각을 효과적으로 없앨 수 있다.

앞서 이야기한 것을 종합해보면, 모든 대책과 행동의 최종적인 목표는 개인의 목표와 기대를 팀 전체의 목표와 기대 안으로 가져와서, 효과적으로 개인이 집단에 융화될 수 있게 하는 것이다.

개인의 적극성과 효율을 끌어올려, 팀원들의 전투력을 유지하고 나아가 더 증강시켜야 한다. 어떤 팀이든지 개인의 목표와 기대를 팀의 목표와 기대로 융화되게 하는 것을 팀 발전의 이념으로 삼기 마련이다.

오길비 David Ogilvy 의 법칙

— 자신보다 잘난 사람을 뽑을 것 —

한 기업의 이사회에서 천재적 광고 전략가인 오길비는 다음과 같은
유명한 말을 남겼다. "당신보다 잘난 사람을 뽑아라." 자신의 생각
을 분명히 전하기 위해, 오길비는 장난감 인형이 담긴 몇 개의 상자
를 준비했다. 이사들이 장난감 상자를 차례로 하나씩 열어 가자, 처
음에는 커다랗던 인형이 점점 작아졌다. 그리고 마지막에는 주머니
에 들어갈 정도로 작은 크기의 상자가 나왔고 그 안에는 다음과 같
은 글이 적힌 쪽지가 들어 있었다. "만약 계속해서 당신보다 못한
사람만을 뽑는다면, 우리의 사업은 결국 이 장난감 인형과 똑같이
결국 '난쟁이'가 될 것이다. 하지만 용기를 내어 당신보다 잘난 사람
을 쓴다면, 우리의 사업은 점차 '거인'으로 커 나갈 것이다."

인재를 놓치는 것은 사업의 근간을
불태워 버리는 것과 같다

오길비의 법칙은 인재가 사업 발전에 중요한 역할을 한다는 것을 단적으로 보여 준다. 창업자가 언제까지나 자신의 능력에만 의지하는 것은 불가능하다. 재능이 풍부한 인재들에게 기회와 그에 맞는 지위를 주어 그들이 창업자가 최대의 이익을 낼 수 있도록 돕게 만들어야 한다. 인재 발전에 적합한 환경을 만들기 위해서는 창업자의 노력이 필요하고, 노력을 통해 적합한 조건이 마련되었을 때에야 비로소 실현 가능하다.

가난한 농부 두 명이 있었다. 그들은 둘 다 열심히 자신의 밭을 갈았다. 하지만 매년 수확의 계절이 돌아올 때마다 그들은 큰 가뭄이나 홍수, 태풍과 같은 자연 재해를 만나게 되었다. 결국 그들은 한 톨의 곡식도 거두지 못하고, 충분히 배를 채울 수도 없었다.
원래 신은 다른 탐욕스러운 농부를 벌주던 중이었는데 그 화가 이 죄 없는 농부들에게까지 미친 것이었다. 그래서 신은 이 두 농부에게 나타나 두 알의 씨앗을 나눠 주었다. 그리고 다음과 같이 말했다.

"이건 세상에서 가장 아름답고 신비한 꽃의 씨앗이다. 자네들이 세심하게 돌보고 제때에 물과 비료를 주기만 하면, 분명 세상에서 가장 아름다운 꽃이 필 것이다. 그리고 그 꽃은 엄청난 부를 가져다 줄 것이다."

신은 말을 마치고 떠났다.

두 농부는 씨앗을 보물처럼 귀하게 여겼다. 그리고 그것을 가장 비옥한 땅에 심었다. 제때 물을 주고, 비료를 주면서 일 년 동안 각고의 노력을 한 끝에, 씨앗은 마침내 싹이 트고 꽃을 피웠다.

두 농부는 꽃의 아름다움에 감탄을 금치 못했다.

"이건 그야말로 세상에서 가장 아름다운 꽃이다. 어떤 꽃도 비교조차 되지 않을 것이다."

둘 중 한 농부는 꽃의 아름다움에 푹 빠져서 꽃을 거실의 탁자 위에 두었다. 그러고는 찬란한 과실이 열리기를 기다렸다.

이 농부는 신이 자신을 속이지 않을 것이라고 굳게 믿고 있었다. 신이 이 꽃이 그에게 큰 부를 가져다 줄 것이라고 말한 만큼, 분명 찬란한 과실이 열릴 것이라고 생각했다. 하지만 꽃은 얼마 지나지 않아 시들어 떨어져 버렸다. 그리고 어떤 열매도 맺히지 않았다.

또 다른 농부는 완전히 다른 방법을 택했다.

그는 꽃을 들고 시장으로 향했다. 누군가 그의 꽃을 사 가길 바라는 마음에서였다.

농부가 시장에 들어서자 사람들은 웅성거리며 꽃 주변으로 모여들었다. 그러고는 앞 다투어 높은 가격을 제시하며 그 꽃을 사고자 했다. 결국 한 부자 노인이 이 꽃을 사게 되었다. 농부는 덕분에 큰 돈을 벌게 되었다.

이 이야기를 통해 우리는 꽃의 가치가 감상하는 데 있다는 것을 알 수 있다.

첫 번째 농부는 꽃을 자신의 집에 두는 바람에 다른 사람들은 감상하지 못하게 만들었다. 결과적으로 꽃의 가치는 실현되지 못하고, 꽃이 시들어 버리자 그의 꿈도 함께 허공으로 사라져 버렸다.

하지만 두 번째 농부는 꽃을 시장의 가장 번화한 곳으로 가져갔다. 이곳에서 꽃의 가치는 극대화되었다. 사람들은 모두 꽃의 아름다움에 감탄했고, 세상에서 가장 아름다운 꽃을 손에 넣기 위해 농부에게 그에 상당하는 대가를 지불했다.

결국 두 번째 농부는 순조롭게 부자가 되고 싶다는 자신의 꿈을 이룰 수 있었다.

기업의 인재에 대해서도 이와 같은 원리를 적용할 수 있다.

인재는 기업의 꽃과 같다. 만약 인재가 자신에게 어울리지 않는 자리에 묻혀 있다면, 꽃을 자신의 집 안에 두는 것과 같아서 인재의 가치가 충분히 실현되지 못한다. 그리고 결국에는 시들어

버리게 될 것이다.

사회 경제의 발전에 따라, 인재에 대한 기업의 수요 또한 나날이 커져 가고 있다.

인재는 이미 기업 발전의 근원이 되었다. 인재들의 도움 아래 기업의 생산 효율은 높아지고, 효과적인 인력 관리가 기업을 나날이 번창하게 만든다.

인재의 합리적인 배치와 끊임없는 혁신은 기업 발전에 새로운 길을 열어 준다.

그러나 막상 기업이 인재를 다루는 방법은 결코 만족스럽지 못하다. 인재의 비합리적인 이용, 낭비와 소모가 날마다 매순간 일어나고 있기 때문이다.

그 주요 원인은 다음 두 가지로 요약된다.

첫째, 인재가 스스로에 대해 합리적인 위치 설정과 평가를 내리지 못하고, 너무 쉽게 사회의 요구를 따르며 자신의 강점을 포기하는 것이다.

대부분의 사람, 특히 대학을 갓 졸업한 사회 초년생들은 마케팅 업무가 가장 돈을 많이 버는 분야라고 생각한다. 그래서 너도나도 마케팅에 뛰어든다. 인재가 곧 둔재로 변하게 되는 것이다.

나는 경영의 인재가 마케팅 업무에 종사하고 있을 때도 여전히 인재라는 이름으로 불릴 수 있을지 확신할 수 없다.

둘째, 기업이 인재를 비합리적으로 이용한다.

기업 제도의 비합리성으로 인해 관리에 결함이 생기면 기업은 수많은 사람들 사이에서 인재를 알아볼 수 없게 된다. 그들에게 걸맞는 직위나 발전 가능성을 제공할 수도 없다.

설령 곧바로 인재를 발견했다 할지라도, 인재의 이용 면에서 여전히 수많은 폐단이 존재한다.

예를 들어 기업은 직원에게 이렇게 말할 수 있다.

"좋아. 당신은 말단 직원에서부터 시작해도 꿈을 이룰 수 있어."

아주 기나긴 말단 업무를 하는 과정에서 인재의 강점은 점점 사라지게 된다.

그러면 관리자는 말한다.

"저것 보라니까, 그는 분명 인재가 아니야. 그는 아주 평범한 말단 직원에 불과한데, 저런 햇병아리 직원에게 어떻게 마음 놓고 관리 경영의 임무를 맡기겠어?"

인재는 연마의 과정을 필요로 한다. 하지만 그 과정은 반드시 인재의 재능에 어울리는 것이어야 한다.

경영에 재능이 있는 인재를 마케팅 부서에 두고 훈련을 시키면 분명 경영에 대한 재능은 깎여 사라지고 말 것이다.

설령 경영의 인재가 마케팅 부서에서도 두각을 드러내 마케팅 인재가 된다 해도, 본래 가지고 있던 경영의 재능은 사라져 버리는 것이다. 이 또한 인재의 유실이다.

기업으로 하여금 인재를 소홀히 여기고 낭비하게 만드는 관리 방식이 있다. 우리는 직원이 승진을 하고자 하면 어느 수준의 성과와 평가 표준을 충족시켜야 한다는 것을 알고 있다. 직원이 이 기준에 다다른 뒤에야 승진을 하고 새로운 일도 할 수 있다. 그 직원이 새로운 일을 맡아 또다시 성과와 평가 기준을 달성하게 되면 다시 승진을 하게 되고 새로운 일을 하게 된다. 이는 자신이 감당할 수 없는 일을 맡게 될 때까지 반복된다.

사람들은 언제나 스스로 감당할 수 없는 일을 하는 상태에 있다. 이런 현상의 이유는, 일단 일을 능히 감당하게 되면 곧 새롭고 더 높은 자리의 일을 맡게 되기 때문이다.

이것은 또 다른 현상을 불러온다. 직원이 스스로 감당할 수 없는 일을 맡게 된 상황에서 또 계속 승진을 하는 것이다. 이런 경우 보통은 인간관계를 이용해서 승진을 하게 된다. 이는 진정한 인재들을 억누르는 것을 피할 수 없게 만든다.

기업의 고위 관리자는 자신의 이익과 자리를 지키고 견고하게 하려고 자신에게 잘 복종하거나 자신보다 능력이 떨어지는 직원들을 더욱 좋아하는 경향이 있다. 이는 진정한 인재들이 쉽게 관리자의 권력 다툼 가운데 갈 곳을 잃어버리게 만든다.

성공은 강자를 억누르거나 패배시키는 데
있지 않고 강자를 이용하는 데 있다

'강철왕' 카네기는 누구나 잘 아는 인물이다. 그의 묘비에는 다음과 같은 문구가 적혀 있다.

"여기 자신보다 우수한 사람을 어떻게 활용하는지 아는 사람이 잠들어 있다."

이 문장은 카네기의 매력뿐 아니라 능력을 보여 준다.

이 능력은 그의 인재 관리가 강압적이 아니었다는 데서 비롯된다. 카네기는 일찍이 이런 말도 했었다.

"당신은 내 소유로 된 모든 공장, 기계와 모든 자본을 가져가도 된다. 하지만 내 직원들은 남겨두어야 한다. 그러면 4년 후에 당신은 '강철왕' 카네기를 다시 보게 될 것이다. 그는 또다시 부활한다."

카네기의 기업에서 대다수의 대주주들은 모두 보잘것없는 말단 사원 출신이었다. 카네기가 그들의 뛰어난 능력을 발견한 후, 그들은 모두 중요한 자리에 올랐다. 카네기의 방법이 정확히 옳았음은 사실로 증명되었다. 카네기의 강철 공장에서 일반 기사로 일하던 사람이 결국 카네기 기업의 핵심 인물이 된 것이다.

당신보다 뛰어난 능력을 가진 부하 직원이 있다면 이는 아주 좋은 일이다. 하지만 인재는 언제나 사람들 사이에 숨어 있다. 그들은 겉으로는 보통 사람들과 크게 다를 게 없기 때문에 진면목을 알아보기 어려운 경우가 종종 있다. 하지만 그렇다고 해서 그들을 찾아낼 아무런 단서가 없는 것은 아니다. 양의 탈을 쓰고 있다고 해도, 늑대는 여전히 늑대라는 사실을 알아야 한다.

관리자는 제도의 속박과 정해진 틀에서 벗어나 인재를 발견하고, 나아가 인재를 키울 수 있는 환경을 만들어야 한다.

인재를 발견하는 것은 시작점에 불과하다. 합리적으로 활용해야 인재의 가치가 실현될 수 있는 것이다. 인재가 지닌 뛰어난 점을 발견하고 그에 합당한 발전의 무대를 주는 것이 인재의 가치를 실현해 기업발전을 이루는 관건이다.

Law 32

피그말리온 Pygmalion 효과

─ 자신에 대한 기대치를 높게 가질 것 ─

감정이나 관념이 의식의 영향을 받는 정도는 사람에 따라 다르다. 우리는 항상 자신도 모르는 사이에 우리가 좋아하고, 신뢰하고, 존경하는 사람의 영향과 암시를 받는다. 이런 암시는 더욱 강력한 자기 가치를 만들어내며, 더 높은 곳을 향해 적극적으로 나아가게 하는 동력이 된다. 또한 자신이 좋아하거나 존경하는 사람을 실망시키지 않기 위해 최선을 다하게 된다. 이런 현상을 피그말리온 효과라고 한다.

기대하는 만큼 이루게 된다

암시는 사람들이 깜짝 놀랄만한 영향력을 행사한다. 예를 들어 CEO가 당신에게 신뢰와 감탄의 암시를 보내면, 당신은 더 많은 노력을 하게 되어 맡은 일을 성공시키게 된다.

일례로 한 성공한 작가는 그의 성공이 학창 시절의 작은 사건에서 비롯된 것일지 모른다고 했다. 선생님에게서 글을 아주 잘 쓴다는 칭찬을 들었던 것이다.

미국 심리학자인 로젠탈Robert Rosenthal은 실험을 통해 긍정적인 암시가 사람에게 중요한 영향을 미친다는 사실을 증명해 냈다. 로젠탈은 미국의 한 초등학교를 실험 대상으로 하여 무작위로 모든 학급에서 3명의 학생을 골라 '행운아'의 명단을 만들었다. 그리고 그 명단을 학교 측에 넘겨주며 다음과 같이 말했다.

"선발된 아이들은 가장 정확한 과학 측정 방식을 통해 지능 지수 및 학업 성취 능력이 다른 학생들에 비해 월등하게 높은 것으로 나타났습니다."

그리고는 이 명단은 아주 중요한 것인 만큼 공개되거나 유출되지 않길 바란다는 말을 덧붙였다.

8개월 후에 나타난 결과는 놀라운 것이었다.

'행운아' 명단에 오른 아이들의 성적이 하나같이 눈에 띄게 오른 것이다. 여기에는 반에서 줄곧 꼴지를 하던 학생도 포함되어 있었다.

로니라는 아이가 바로 그런 예였다.

로니는 언제나 문제를 일으키며, 공부하는 것을 싫어하고, 심지어는 교사와도 충돌을 일으켰다. 병원 검사 결과 이런 증상은 과잉행동장애의 일종이라는 진단이 나왔다. 교사들은 로니에게 관심을 두지 않게 되었고, 모두들 로니가 희망이 없는 학생이라고 여겼다.

그러나 실험을 통해 로니를 대하는 교사들의 태도가 달라졌고, 교사들의 신뢰와 기대는 로니의 잠재된 능력을 일깨웠다. 8개월의 실험 과정 중에 로니의 성적은 전교 8등까지 올랐다.

이는 모든 교사들을 깜짝 놀라게 했다. 더욱 놀라운 것은 로젠탈의 실험 이후 로니가 병원에 다시 가서 검사를 받은 과잉행동장애 증세가 거의 사라졌다는 진단이 나온 것이었다. 이제 로니는 모든 면에서 진정으로 로젠탈이 말한 '가장 장래가 촉망되는 학생'이 된 것이다.

이런 현상이 일어나게 된 원인은 무엇일까?

먼저 로젠탈의 실험 방식을 살펴보자.

그는 미국 심리학계에서 알아주는 학자였다. 그런 그가 만든 '행운아' 명단은 교사들로 하여금 '행운아'들의 가치를 인정하도록 하기에 충분한 일종의 권위를 가지고 있었다. 결과적으로 교사들은 '행운아'들에 대해 강렬한 관심과 기대를 갖게 되었고, 그것은 교사들의 무의식적인 행동이나 말을 통해 그대로 '행운아'들에게 전해졌다.

이런 긍정적인 암시의 영향으로 '행운아'들은 자신감을 가지고 스스로를 단련하게 되었다. 스스로에 대한 긍정적인 인식이 학생들에게 믿기 힘든 변화를 가져오게 된 것이다.

하지만 '행운아'들에 대한 교사들의 태도는 명단에 들어 있지 않은 학생들의 입장에서 보면 명백히 불공평한 것이었다. 소위 우수한 학생들에 대한 교사들의 기대는 어디에서 비롯되는 것일까? 사실 모든 학생은 제 나름의 우수한 점을 가지고 있다. 이들은 모두 '가장 장래가 촉망되는 학생'의 잠재력을 가지고 있는 것이다. 그러므로 교사의 불공평한 태도는 일부 학생들에게는 장애와 한계가 되기도 한다.

로젠탈은 아주 냉철한 심리학자이다.

실험을 시작하면서 그는 학교 측에 명단을 공개하지 말 것을 강조했다. 비록 실험 중이었지만 이 말은 교사들로 하여금 '행운아'들을 찾아내게 만들었다. 그러나 실험 대상이 아니었던 학생들의 입장에서 보아도 로젠탈의 실험은 학교와 교사들에게 큰 깨우침을 주었다. 모든 학생은 '가장 장래가 촉망되는 학생'의 잠재력을 가지고 있다는 사실을 말이다.

'잠재의식'은 자기암시의 키 포인트

위의 실험을 통해 우리는 잠재의식이 사람의 생각과 인식에 미치는 영향을 확인할 수 있었다.

로니가 과잉행동장애를 앓고 있다고 믿었을 때, 사람들은 그에 대해 '이미 미래가 없는 학생' 혹은 '같이 어울릴 수 없는 친구'라는 평가를 내렸다. 로니의 주변에 존재하던 이런 잠재의식의 영향은 로니로 하여금 '나에게는 이미 미래가 없어.' 혹은 '아무도 나와 함께 있는 걸 원하지 않아.'와 같은 자기 암시를 갖게 만들었다. 결과적으로 로니는 자아의식을 유지하거나 다른 사람의 관심을 끌기 위해 강한 반항 행동을 보이게 되었다. 성실하게 공부하지 않고, 친구들과도 잘 어울리지 않았다. 심지어는 교사들과도 부딪히게 되었다.

로니의 실험은 일종의 '잠재의식 요인'이 되어 로니가 원래 가지고 있던 관점과 생각을 변화시켰다.

처음에 교사가 전과는 완전히 다른 태도로 로니에게 세심한 관심을 보이고 강한 기대와 격려를 하기 시작했을 때는, 로니가 원래 가지고 있던 관점을 바꾸기 어려웠다. 하지만 2개월, 3개월이 지나며 모든 교사들이 로니에게 똑같은 태도를 보이자 이런 '잠재의식'은 중요한 영향을 미쳤다. 로니가 스스로 이미 가지고 있던 관점을 바꾸게 된 것이다.

그는 스스로를 재평가하기 시작했다.

'모두들 내가 미래가 기대되는 사람이라고 생각해.' 혹은 '친구들이 모두 나와 함께 있고 싶어 해.'와 같은 잠재의식의 영향 속에서 로니는 긍정적인 자기암시를 갖게 되었다. 그리고 결국에는 믿기 어려울 정도로 자기 자신을 변화시켰다.

잠재의식은 자기암시를 만드는 중요한 요소이다.
당신은 분명 이런 일을 겪은 적이 있을 것이다.
새로 산 옷을 입고 어떤 모임을 나갔는데 한 친구가 그 옷이 당신에게 어울리지 않는다고 말하는 것을 들으면 당신은 그의 생각에 동의하지 않고, 심지어는 말다툼을 하게 될 수도 있다.
분명 모든 사람의 관점과 안목에는 차이가 있다. 어느 한 사람의 관점이나 안목이 결코 당신이 입은 옷이 당신에게 어울리지 않는다는 것을 대표할 수 없다. 하지만 점점 더 많은 친구들이 당신에게 그 옷이 어울리지 않는다고 이야기하면, 당신은 스스로의 안목에 문제가 있다고 생각하게 될 것이다. 그래서 모임이 끝난 뒤에 당신이 가장 먼저 하는 일은 그 옷을 벗어 버리는 게 될 것이다. 이후로는 모임에 나갈 때 다시는 그 옷을 입지 않게 되고, 심지어는 그와 비슷한 디자인의 옷을 사지도 않게 된다.

빌링스 Frank Billings Kellogg 의 법칙

— Yes를 말할 때 신중할 것 —

인생 중에 마주치는 대부분의 고난은 너무 빨리 "그래."라고 답하고, 너무 늦게 "아냐."라고 대답하는 데서 온다.

거부권을 행사하는 법을 배우자

우리는 종종 자존심 때문에 혹은 내심 다른 사람의 요구를 만족
시켜주고자 하는 욕망 때문에, 상대방의 요구에 대해 잠시 망설
일 틈도 없이 "그래.", "좋아.", "알았어.", "걱정 마, 이 일은 나한
테 맡겨." 등의 대답을 한다.

그러나 사실상, 많은 일들이 우리의 능력 밖임에도 마지못해 승
낙을 하는 것이다. 그래서 결국에는 좋은 마음으로 고생을 하고
도, 일을 망치고 좋은 결과를 얻지 못한다.

아니엘은 미국에서 상당한 이윤을 내는 기계 가공공장을 운영하
고 있었다. 야심이 큰 사람이었던 그의 목표는 3년 안에 미국 시
장의 35%를 점유하는 회사로 자신의 회사를 키우는 것이었다.
일개 소기업의 입장에서, 이것은 엄청난 도전이었다.

한편 아니엘의 가까운 친구인 스미스는 선반 판매장을 운영하고
있었다. 스미스의 매장은 아니엘의 공장보다 규모가 훨씬 컸다.

어느 날, 스미스가 10만 개의 선반 판매 계약을 따냈다. 스미스
의 고객은 3개월 안에 제품을 인도해 줄 것을 요구했다.

스미스는 아니엘을 찾아가 도움을 구했다. 그러자 아니엘은 이

익을 따져보고는 곧바로 스미스의 제안을 받아들였다.

원래 아니엘의 공장 규모로는 3개월 안에 10만 개의 선반을 만드는 것은 터무니없는 일이었다. 생산 설비를 확대하고, 새로운 설비를 보충해야 가능한 일이었다. 그럼에도 불구하고 3개월 후에 아니엘은 스미스에게 약속대로 10만 개의 선반을 건네주었다. 스미스는 감격에 겨워 말했다.

"자네가 내게 얼마나 큰 도움을 주었는지 모르네. 이번에 자네 도움이 없었다면 우리 회사는 분명 문을 닫아야 했을 걸세."

지쳐서 녹초가 된 아니엘은 집에 돌아가 이틀을 꼬박 쉬었다. 그리고 그가 깨어나 다시 일을 하러 나갔을 때, 뭔가 문제가 생겼음을 알게 되었다.

공장의 수요를 충족시킬 정도의 새로운 큰 주문이 계속해서 들어오지 않자, 많은 설비들이 멈춰 서게 되었다. 새로 뽑은 직원들도 할 일이 없어 빈둥거리게 되었다. 더 큰 문제는, 스미스에게 만들어 준 선반 10만 개의 대금도 3개월 후에나 들어오게 되어 있었다. 하지만 아니엘이 새로 구입한 설비들의 '막대한 대금'은 이미 회사를 재정 위기로 몰아넣고 있었다.

제때 거절을 하지 못하면, 개인이든 기업이든 재난과 같은 영향을 받게 된다. 그것은 당신을 '어쩔 수 없는' 위기에 빠뜨리고, 당신의 계획과 일정을 엉망으로 만들어 버린다. 당신을 끌려 다니게 만들고, 현 상태를 컨트롤할 수 없게 만든다. 이것이 거듭

되다 보면 당신은 다시는 나눠주고 베푸는 즐거움을 느끼지 못하게 된다. 게다가 점점 즐겁게 남을 돕지 못하는 사람이 될 것이다.

왜냐하면 당신의 모든 노력이 마지못해 한 것이기 때문이다. 이는 당신의 몸과 마음을 지치게 만든다. 이런 부정적인 상태에서 당신은 쉽게 무너지고, 아주 정상적이고 사소한 일조차 겁이 나는 부담으로 전락하게 된다.

그렇기 때문에 우리는 반드시 합리적으로 거부권을 행사할 줄 알아야 한다. 원치 않는 일이나 할 수 없는 일에 대해서는 곧바로 거절해야 한다.

하지만 거절은 그 방법을 잘 고민해야 하는 일이다. 상대방의 요구가 아무리 말도 안 되는 것이라 할지라도 그에 대응할 때는 감정을 조절해야 한다. 체면을 가리지 않고 무턱대고 거절을 할 수는 없는 것이다. 그 친구와 다시는 만나지 않을 생각이 아니라면, 반드시 부드럽게 거절하는 법을 익혀야 한다.

거절한다는 것은 곧 자신의 능력을 냉정하게 들여다보는 것이다

당신이 상대방의 관점에 동의할 수 없고, 상대방의 요구 조건을 만족시켜 줄 수 없거나 혹은 어떻게 의견을 내면 좋을지 모를 때에는, 긍정적인 자기 암시를 걸어야 한다.

"이 생각은 틀린 것이며 이 요구는 불합리한 것이다. 나에게는 거부할 권리가 있다."

이렇게 하는 것은 스스로의 믿음을 강화시켜줄 뿐 아니라, 관계를 더욱 부드럽게 만들어 준다. 또한 거절을 하면서도 상대방의 인정을 얻어낼 수 있게 한다.

"봐라, 이것이 정확한 관점이다. 그는 분명 자신의 잘못을 깨달았을 것이다. 나는 그의 잘못된 생각을 바로잡아 주었다. 그는 분명 이를 통해 나에게 고마움을 느낄 거야."

하지만 아무리 완곡한 표현을 쓴다 하더라도 도움을 얻고자 하는 사람에게 거절을 한다는 것은 상대방의 마음에 실망감을 심어 주는 일이다. 만약 상대방이 나쁜 일을 쉽게 잊지 못하는 사람이라면 당신은 쉽게 그의 신뢰를 되찾을 수 없을 것이다.

"원래 그는 날 도와주는 사람이 아니야."

"그렇게 긴박한 상황에도 그는 날 돕지 않았어."

심지어는 이렇게 반응할 수도 있다.

"나는 어떻게 이런 사람을 친구라고 생각했지?"

거절은 결코 "No."로 끝나는 것이 아니다. 그것은 분명히 새로운 시작점이다.

실제적인 도움을 줄 수 없다 하더라도 상대방이 도움을 필요로 하는 계획 밖에 있는 것이 무엇인지 알게 되면서, 상대방이 "플랜 B"를 찾는 것을 도와줄 수 있다.

당신은 상대방에게 당신 또한 분명 조급한 마음을 느끼고 있고, 그가 처한 상황을 온전히 이해하고 있으며, 당신 또한 그가 다른 해결 방법을 찾을 수 있도록 돕고 있다는 사실을 느끼게 만들어야 한다. 이렇게 하면, 상대방 역시 입장을 바꾸어 생각해 당신이 처한 난처한 입장을 이해하기 쉬워진다.

거절을 할 때에도 나름의 특정한 기술을 익혀서 써야 한다.

거절을 거절처럼 보이지 않게 하는 기술, 거절을 또 다른 도움이나 위안으로 여기게 해 주는 기술……

이 기술을 쓰면 거절의 효과는 달성하면서도, 상대방의 감정은 상하지 않게 할 수 있다.

길버트Gilbert의 법칙

— 위험을 피하는 신호 —

가장 큰 위기의 신호는 아무도 당신과 어떻게 할 것인지 논의하지 않거나 누구도 위기에 대해 이야기하지 않는 것이다. 당신이 이런 상태에 있을 때, 당신에게는 거대한 위기가 곧 닥칠 것이고, 거대한 도전을 자신이 받아들여야 한다.

남들이 모르고 지나갔다 해서
잘못을 하지 않은 것은 아니다

길버트의 법칙은 우리들에게 무거운 경고를 준다.

이는 누군가 당신의 잘못을 이야기하지 않는다고 해서 당신이 잘못한 것이 없다는 게 아니라는 것을 의미한다.

일이나 삶이나 인간관계에서나, 길버트의 법칙은 언제나 소리 없는 영향을 미친다. 아마도 당신은 스스로 무엇을 잘못했는지도 모르고, 어떤 신호도 보지 못했는데 상대방이 갑자기 사라지거나 연락을 끊어 버리는 일을 당한 경험이 있을 것이다.

이미 아주 좋게 이야기를 마친 고객이 갑자기 계약을 취소해 버리고 거래를 끊어 버린다. 상사가 어느 날 갑자기 당신에 대해 아무런 관심도 보이지 않고 말도 걸지 않는다. 부하 직원이 어느 날 갑자기 사직서를 낸다. 잘 진행되고 있던 제휴 관계가 갑자기 종료된다.

이런 신호들을 소홀히 여기면 안 된다.

위기는 대부분의 경우 눈앞에 신호가 나타나도 그걸 보지 못했을 때 찾아오기 때문이다.

미국의 성공한 젊은 기업가 브로켄드는 사업이 잘 되지 않아 일상생활의 인간관계까지 영향을 받은 적이 있었다. 하지만 브로켄드는 자신이 성공하지 못하고 고생하는 건 아주 잠깐의 일이라는 사실을 알고 있었다. 그러던 어느 날 뜻밖의 기회에 그는 써니라는 사람의 신뢰를 얻게 되었다. 이 일이 뜻밖이었다고 한 것은 그날 브로켄드가 버스를 기다리고 있는 중에 한 낯선 사람이 말을 걸어 왔기 때문이다.

"내 아내가 교통사고를 당해 병원에 입원을 했습니다. 지금 당장 가 봐야 하는 상황인데, 아주 중요한 문서 하나를 내 비서에게 전해야 합니다. 하지만 나는 지금 비서가 오기를 기다릴 시간이 없습니다. 당신이 나를 좀 도와주었으면 하는데요."

브로켄드는 물론 그의 부탁을 들어 주었다. 그리고 시간에 맞춰 문서를 그의 비서에게 전해 주었다.

이 일이 있은 뒤, 브로켄드와 써니는 서로 아는 사이가 되었다. 시간이 지나면서 두 사람은 서로의 재능에 대해 감탄하게 되었고, 써니는 사업이 잘 풀리지 않고 있는 브로켄드에게 괜찮은 일자리 하나를 구해 주었다.

그러나 브로켄드가 열정과 의욕에 차서 새로운 직장에 뛰어들었을 때, 진짜 문제가 생겼다.

브로켄드는 이렇게 말했다.

"우리는 까페에서 커피를 마시며 이런 저런 이야기를 하다가 우연히 사업에 대한 문제를 이야기하게 되었다. 그 후 연락이 차츰 뜸해지는 것을 느꼈고 나중에는 아예 연락이 끊기게 되었지. 비록 지금은 사업에 성공을 했지만, 이 일은 항상 마음에 걸린다."

브로켄드는 우연한 기회에 써니의 인정을 받게 되었다. 그리고 또 다른 우연으로 써니와의 관계가 끊어졌다.

이것이 정말 우연일까?

첫 번째 우연에 대해서는, 당신은 이것이 진짜 우연이라고 여길지 모른다. 왜냐하면 그때 당시 그 버스정류장에 있었던 것은 브로켄드 한 사람뿐이었고, 써니 또한 공교롭게 그 순간 문제를 만났기 때문이다.

하지만 이것은 결코 우연이 아니다. 브로켄드는 뛰어난 인성으로 써니에게서 인정을 받게 된 것이다. 설령 브로켄드가 당시에 써니를 만나지 않았다고 할지라도, 이후에 어떤 일을 통해서라도 그는 분명 그의 능력을 알아봐 주는 또 다른 사업 파트너를 만났을 것이 분명하다.

그렇다면, 브로켄드와 써니가 연락이 끊어진 것은 우연이라고 할 수 있을까? 물론 그렇지 않다.

브로켄드의 친구는 이렇게 물었다.

"너희 두 사람의 관계가 점점 멀어지고 있다고 느꼈을 때, 넌 어떤 방법을 찾았니? 예를 들어 네가 먼저 연락을 자주 한다거나 하는 것들 말이야. 그런 노력을 계속해 보았니?"

브로켄드는 할 말이 없었다.

문제는 우연히 생기지 않는다

세상을 살다 보면 언제나 이런저런 돌발 상황들이 발생한다. 우리들은 그것들을 '우연'이라고 치부해 버리는 데 익숙하다.

그런 식으로 자신의 책임을 외부 환경의 탓으로 돌리고 무거운 짐을 벗어버릴 수 있기 때문이다. 하지만 정말 그런 것일까?

외부 환경은 예상치 못한 일들이 일어나는 데 정말 결정적인 영향을 미치는 것일까? 물론 그렇지 않다.

우연히 일어나는 일들의 원인을 자세히 살펴보면 모든 '우연'은 자신의 행동에서 비롯된 것이라는 사실을 알게 될 것이다.

당신은 이런 생각을 해 본 적이 있는가? 친구가 갑자기 연락을 끊어 버렸을 때, 당신은 그동안 얼마나 오랫동안 그 친구에게 연락을 하지 않았는가 하는 것 말이다.

면접에서 탈락했을 때, 당신이 면접관에게 준 이미지는 상대방이 원하는 이미지에 부합되는 것이었는가?

혹시 당신은 이렇게 말할 수도 있다.

"내가 대학 시험에 떨어진 것은 정말 우연이다. 난 평소에 언제나 순위권에 들 정도로 성적이 좋았으니까."

정말 그럴까? 아마 그렇지 않을 것이다.

당신의 평상시 성적이 아주 좋았을지 모른다. 하지만 당신은 항상 세심하지 못했던 것은 아닌가. 작은 부분을 신경 쓰지 않으면, 비록 이 작은 부분이 평소에는 이렇다 하게 부정적인 영향을 미치지 않았을지 몰라도, 대학 수능 시험이라는 특별한 상황에서는 긴장감 때문에 작은 결점이나 약점이 확대되어 나타날 수 있다. 당신의 대입 실패는 결코 우연이 아닌 것이다.

기업 관리 면에서도 항상 이런 문제를 만날 수 있다. CEO가 일에 바빠 직원들을 관리하는 데 소홀해지거나 직원이 일을 하는 과정에서 문제를 일으키거나 어떤 공헌을 했을 때 제때 비판을 하고 상을 주지 못하는 일이 발생하는 것처럼 말이다. 그 결과 직원들은 일에 대한 적극성을 잃어버리고, 자포자기하게 될 수 있다.

당신은 어쩌면 이런 일을 겪어 보기도 했을 것이다. 아주 우수한 직원들이 뛰어난 성과를 낸 뒤에 사직서를 내는 경우 말이다.

어떤 CEO는 이를 직원들이 월급을 올려 달라거나 승진을 요구하는 것으로 오해하고 문제를 심각하게 들여다보지 않는다.

'이제 막 조금 성과를 내 놓고 이런 요구를 하면, 회사는 그들의 욕심을 채워줄 수 없다.'

어떤 때는 그게 사실인 경우도 확실히 있다. 하지만 기업의 CEO라면 자기 자신으로부터 문제의 원인을 찾아야 하는 게 아닐까? 회사가 발전하는 가운데 직원이 아무런 보상도 비판도 받지 못한다면 직원은 회사가 자신들에게 관심을 갖지 않는다고 느끼기 마련이다. 스스로가 중요한 구성원으로 인정받지 못한다는 생각이 들면 직원들은 일에 대해 소극적이고 부정적인 태도를 갖게 되기 쉽다. 그리고 결국에는 지금 있는 회사 혹은 팀에서 계속 발전하겠다는 적극적인 의지를 갖지 않게 된다.

CEO가 자기 자신에게서 문제를 찾으려 하지 않고 직원들의 행동을 오해하게 되면, 상황은 걷잡을 수 없이 제멋대로 뻗어나가게 된다.

콜러의 부친은 교통사고로 세상을 떠났다. 그 후 아버지의 사업을 물려받은 콜러는 진정한 의미의 청년 기업가는 아니다.

기업 발전의 과정에서 직원들과 콜러는 엄청난 도전에 직면하게 되었다. 어느 날 우연히 부호들의 사적인 파티에 참석하게 된 콜러는 그곳에서 부친의 살아생전 알고 지내던 사업 파트너들을 만났다. 그들에게 조언과 도움을 구해야 하는 시간이었지만 콜러는 대부분의 시간을 고급 차를 마시며 미녀들과 함께 보냈다. 부하 직원들의 경고와 건의들은 거들떠보지도 않았다.

이런 상황이 거듭되자 직원들은 콜러에 대한 희망을 잃어버리기 시작했다.

"구제불능이야. 하느님도 도울 방법이 없겠어."

그러나 이때도 콜러는 별다른 생각이 없었다.

결국 어느 날 콜러는 상황이 생각했던 것처럼 그렇게 간단하지 않다는 것을 깨달았다. 하루는 출근을 했는데 어느 누구도 그에게 보고를 하지 않았다.

"이 시간이면 로즈가 서류 더미를 잔뜩 가져와야 할 때 아닌가?", "스터는 왜 정치사상 수업을 해 주지 않는 거지? 설마 내가 그의 수업에 관심이 없다는 걸 알아차렸나? 스터는 그렇게 눈치가 빠른 편은 아니었는데."

콜러는 이런 일들이 점점 더 많아진다는 것을 깨달았다. 처음에 그는 회사가 정상적으로 굴러가고 있다고 생각했다. 별다른 문제가 생기지 않았기 때문이다. 그러나 어느 날 회의에 참석한 비로소 그는 자신이 얼마나 순진했는지를 깨닫게 되었다.

회의에는 딕도 참석했었다. 딕은 콜러의 부친이 살아생전 아주 가깝게 지내던 친구이자 최고의 사업 파트너였다. 콜러의 부친이 세상을 뜬 뒤에도 딕은 여전히 기업 관리를 도와주고 있었다. 회의가 끝나갈 무렵 딕이 물었다.

"롤러, 요즘 어떤가?"

콜러는 마음이 무거웠지만 대답했다.

"저야 괜찮죠, 뭐. 회사도 별 문제 없이 굴러가고 있고…. 그런데 너무 아무 일도 없이 평온하니 좀 불안하긴 하네요."

딕은 미소를 지으며 말했다.

"자네는 자네 아버지가 어떤 사람이었는지 기억하는가? 그는 진정 성공한 사람이었지. 지금 내가 이룬 것들은 그와 비교도 되지 않아. 하지만 그는 불의의 사고로 세상을 떠났고, 내 생각엔 하늘도 그의 재능을 질투했던 것 같아. 분명 그럴 거야."

덕은 근엄한 목소리로 말을 이었다.

"내 생각에 자네 아버지는 편히 눈을 감지 못하셨을 거야. 자네의 무사안일 덕분에 그의 꿈이 꺼져 가고 있거든."

콜러는 똑똑한 사람이었다. 그는 덕이 무슨 말을 하는 건지 곧바로 이해했다.

"네, 저는 도움이 필요해요."

그러자 덕이 딱 잘라 말했다.

"나는 더 이상 자넬 도와줄 수 없어. 지금 자네가 의지할 수 있는 건 자네 자신뿐이네."

콜러는 회사로 돌아와 간부 회의를 소집했다. 그리고 자신의 잘못을 사과했다.

"저는 더 이상 아버지의 꿈을 불살라 버리는 짓을 하지 않고자 합니다."

이 말은 회의에 참석한 사람들의 마음에 깊이 새겨졌다. 사실 직원들은 콜러의 아버지가 꿈꾸던 것들을 믿고 이미 아무런 활력도 남아 있지 않은 이 회사를 떠나지 않고 있었기 때문이다.

결국 콜러는 해 냈다.

무사안일함의 공포를 겪은 후로, 그는 완전히 다른 사람이 되었다. 사람들은 그를 새로운 눈으로 보게 되었고, 3년 후에 콜러의 회사는 미국 캘리포니아 주에서 상장에 성공하게 된다.

우리는 이 사례를 통해 활력으로 가득 찬 회사든 지금 당장 교제를 하고 있는 상대방이든, 언제나 이와 같은 문제에 빠질 수 있다는 것을 알 수 있다.

문제가 존재한다는 사실은 상하 계급 사이의 교류와 소통을 촉진하고, 집단의 협력을 촉진할 수 있다. 관계를 맺고 있던 두 사람은 서로에게 길들여지는 가운데 더욱 친밀한 관계를 형성할 수 있게 된다. 문제의 존재는 기업이나 관계를 맺는 상대방 모두에게 다른 것으로 대체할 수 없는 어떤 작용을 한다.

참여의 법칙

— 모든 사람은 본인이 참여하는 일을 지지한다 —

모든 사람은 자신이 참여하는 일을 지지하게 된다. 더 많은 사람이 참여하도록 할수록 당신은 다른 사람들의 지지를 얻을 수 있을 것이다. 이는 미국의 유명한 기업가인 M. K. 아서가 이야기한 참여의 법칙이다.

성공의 가장 큰 교훈:
혼자서 일을 하려 들지 말 것

참여의 법칙은 우리의 현실 생활 전반에 영향을 미친다.

선거에 참여함으로써 국민들의 사회에 대한 책임 의식이 더욱 심화되며, 이것이 사회를 안정적인 발전 궤도에 올려놓게 되는 것과 같다.

가정이라는 작은 규모의 집단에서조차 모든 성인 가족 구성원은 각자 책임을 부담하고 있다. 이런 책임은 그 가정이 곤경에 처했을 때 더욱 분명하게 드러난다. 모든 가족 구성원은 가정의 평화를 지키기 위해 스스로 최선의 노력을 다한다.

미국 아칸소 대학의 교수인 몰리 라퍼트는 다음과 같은 실험을 했다. 직원의 참여도와 기업 발전과의 관계를 알아보기 위해 그는 미국의 한 물류회사와 그 지점들을 놓고 유명한 실험을 진행했다. 모든 직원이 이 조사에 참여했다.

라퍼트는 실험 대상을 두 개의 소그룹으로 나누었다. 참여 조직이라고 정의된 한 팀은 전략이 미래 모습을 아주 명확하게 그리고 있어, 전략을 세울 때 직원들의 참여율이 높았다.

또 다른 한 팀은 제한된 팀이라고 정의되어, 미래 모습이 불분명해서 전략을 세울 때 직원들의 참여율이 낮았다. 전략 정책에 대한 동의율 역시 상대적으로 저조했다.

라퍼트는 이로부터 다음과 같은 결론을 내렸다.

일에 대한 직원들의 만족도는, 기업의 참여 방안 및 참여 문화와 밀접한 관계가 있다. 직원들의 참여는 기업의 전략과 정책에 대한 호응 심리를 강화해 주고, 일에 대한 만족도를 높이며 긍정적인 열정을 불러온다.

라퍼트의 연구는 기업의 생존 법칙을 반영한다.

명확한 전략 청사진과 기업 전략에 대한 직원들의 호응은 기업의 지속적인 발전과 이윤 실현을 최대로 보장해 준다.

그러나 구성원의 참여가 제한된 방식으로 운영되는 기업은 회사에서는 기업과 직원 사이의 모순이 끊임없이 자극된다. 그것은 일에 대한 직원들의 열정을 떨어뜨릴 뿐 아니라, 동시에 관리자들의 업무 효율을 떨어뜨린다. 이런 기업에서는 정책 결정에 대해 정책 결정자가 절대적으로 독립적인 권한을 가지고 있다.

다시 말해, 정책 결정은 관리자의 일이고, 직원들과는 어떤 관계도 없다. 직원들의 업무 책임은 작업 지시를 그대로 따르는 것뿐이며, 관리자의 지시에 따라 정책 결정자의 최종적인 목표를 이루는 것이다.

시대가 발전함에 따라 대다수의 관리자는 이런 '독재자형'의 관리 방식이 이미 기업의 발전에 불이익을 가져온다는 것을 인식하게 되었다.

직원들의 관점에서 보자면

직원은 기업 이익의 직접적인 창조자일 뿐 아니라 동시에 관리자의 정책 결정과 의견의 직접적인 실행자이기도 하다. 오랜 시간의 근무로 진급을 거치면서 직원은 자신이 속해 있는 기업 환경을 비롯해 기업과 직원 사이의 이익 균형에 대해 진실한 감동과 깨달음을 얻게 된다. 이는 관리자가 정책을 결정하는 데 있어 고려해야 하는 중요한 척도이다.

관리자의 관점에서 보자면

합리적이고 과학적인 정책 결정은 반드시 바람직한 효과를 가져온다. 그리고 이런 정책 결정은 생산과 작업 공정의 정확한 파악으로부터 가능해진다. 이는 정책 결정의 실행을 순조롭게 하고 예상한 시간 내에 계획했던 효과를 이룰 수 있게 한다.

그러나 현실의 기업 환경에서 이야기하자면, 관리자는 진실하고 분명하게 직원들 사이에 끼어들기 어렵다. 이는 관리자의 일이 바쁘기 때문만이 아니라, 상하 계급 사이의 소통에 장애와 제한이 있기 때문이다. 그렇다면 어떻게 해야 현실에 존재하는 상하 계급 사이에 효과적인 소통이 가능할까?

권리를 넘겨주고, 이익을 나눌 줄 알아야
밝은 미래를 얻을 수 있다

기업을 관리하는 과정에서, 직원이 기업의 정책 결정에 참여하는 방법은 아주 다양하다. 하지만 크게 보아 인적 참여와 자본의 참여, 이 두 가지로 나뉜다.

인적 참여가 뜻하는 것은 직원들의 업무 내용과 직책의 조정을 통해 말단 직원들이 정책 결정에 대한 힘을 갖게 하는 것이다. 기업이 정책을 만들거나 어떤 발전 전략에 대한 안건을 내 놓은 다음 직원들로 하여금 정책의 실현 가능성과 발전성에 초점을 두고 스스로 제안이나 의견을 낼 수 있도록 하는 것이다.

자본의 참여는 일종의 패키지식의 방법으로, 직원들의 이익과 기업의 이익이 효과적으로 서로 영향을 미칠 수 있도록 하는 것이다. 보통 직원들을 주주로 만드는 방법이 이에 해당한다.

자본 참여는 가장 효과적이고 가장 직접적인 참여 방식이다. 이런 참여 방식은 기업의 이익과 직원의 이익을 효과적으로 결합한다. 직원은 개인의 자본을 기업의 자본에 섞어서 생각하고, 이로부터 진정한 주인 의식을 갖게 되어 더욱 적극적으로 자신의 자본을 키우는 회사의 일에 뛰어들게 된다. 이 방식은 기업이 이윤을 만들어내는 동시에, 직원의 이익과 발전에 대한 욕구까지 만족시킬 수 있다.

자본 참여의 방법을 통해 직원은 자신의 일에 대해 직접적인 책임을 지게 된다. 업무가 가져오는 결과와 직원의 수입 및 발전이 직접적으로 연관되는 것이다.

예를 들어, 직원이 업무를 부정적으로 할 때, 작업 효율은 낮아지고 기업의 발전에는 손실을 미친다. 그런 손실은 주주 분배 제도의 형태로, 모든 자본 참가자에게 균등하게 분배된다. 따라서 직원의 이익도 영향을 받게 되는 것이다.

인적 참여는 참여형의 관리, 대표 참여 및 질적 참여를 포함한다. 참여형의 관리는 관리자가 기업에 속한 모든 직원들을 움직여 기업의 정책 결정과 발전에 대해 각자의 의견을 내고 제안을 하도록 하는 것이다. 이는 기업들이 가장 많이 사용하는 참여 방식이다.

대표 참여는 참여형 관리와 비교했을 때 상대적으로 더욱 성숙한 방법이다. 그것은 직원들이 자신들의 이익을 대표하고 지켜줄 수 있는 대표를 뽑아, 기업의 기업 결정 제도에 참여하도록 하는 것이다. 이는 한편으로는 효과적으로 기업의 비용을 줄일 수 있게 하고, 모든 직원들의 의견을 효과적으로 모을 수 있게 한다. 또한 다른 한편으로는 직원들의 시각에 선명성과 기업 효율에 대한 관심을 더해 주게 된다. 적은 수의 대표들이 그들이 대표하고 있는 수많은 직원들의 의견을 대변하면서, 의견을 모

으는 데 들어가는 시간을 효과적으로 줄이고, 기업의 효율성을
높일 수 있다.

질적 참여는 대표 참여를 전제로 한다. 동시에 대표들에게 스스
로 제출한 의견에 책임을 지게 한다. 이는 책임을 구체화한 것이
다. 기업 발전에서 책임의 세분화는 소홀히 여길 수 없는 중요한
요인이다.

책임의 세분화를 통해 직원들이 효과적으로 기업 정책 결정에
참여하게 되고, 주인으로서의 책임감과 사명감을 기를 수 있게
된다. 이는 직원들의 일에 대한 열정을 높이고, 기업의 이익을
효과적으로 극대화하며 상당한 영향력을 미칠 수 있게 한다. 관
리자의 리더십은 직원의 발전을 기업 발전이라는 보다 큰 환경
으로 이끌어 전체적인 경쟁력을 키우는 데에 그 의미가 있다. 이
런 리더십은 참여 권력, 정책 결정 참여, 경영 참여를 통해서 실
현된다.

왕융칭王永慶의 법칙

— 백 원을 아끼는 것은 백 원을 버는 것 —

백 원을 아끼는 것은 백 원을 버는 것과 똑같다. 이 원칙은 대만의 플라스틱 그룹 회장인 왕융칭이 만든 것이다. 근검절약은 고귀한 품성이다. 자원은 마땅히 쓰여야 하는 곳이 있는 만큼 결코 낭비되어서는 안 된다. 자원을 낭비하는 것은 기업의 자본을 낭비하는 것과 똑같다.

돈을 버는 것은 돈을 아끼는 것에서 시작된다

훌륭한 품성이 가진 공통점은 사람들에게 보편적으로 인정을 받고 또 받아들여진다는 것이다.

예를 들어, 부모에게 효도를 하는 사람은 그의 효성으로 모든 사람들에게서 칭찬을 받는다. 설령 부모에게 효도하지 않는 사람이 그의 얘기를 들었을 때도 똑같이 부끄러움을 느끼고, 그 사람을 존중한다.

기업 관리의 측면에서, 기업이 갖추고 있는 모든 좋은 품성은 효과적으로 직원들을 하나의 통일된 집합으로 모을 수 있다. 심리적인 측면에서, 좋은 품성은 회사에 대한 직원들의 소속감을 강화시키고 일에 대한 열정을 불러일으킬 수 있다. 기업 전체가 하나의 통일된 집합으로 응집되면 기업의 경쟁력은 그에 따라 자연스럽게 올라간다. 이는 의심할 바 없이 경쟁에서 기업의 생존이나 발전을 유지하는 데 든든한 버팀목이 되어 준다.

이 면에 있어 월마트는 특출함을 보인다.

월마트의 모든 직원과 관리자들의 행동 규범에는 이미 근검절약이 배어 있다.

월마트에 갓 입사한 관리자는 반드시 다음과 같은 일을 한 번씩 겪게 된다. 복사용지를 다 쓰고 난 뒤에 경리나 비서를 찾아가서 요구하면, 상대방이 반드시 다음과 같이 말하는 것이다.

"바닥에 있는 종이 상자 안에 있습니다. 당신은 직접 가서 잘라 올 수 있어요."

만약 그가 자신이 부탁한 것은 복사용지라고 강조한다면, 그는 반드시 다음과 같은 대답을 듣게 될 것이다.

"죄송합니다. 우리 회사에는 복사용지가 없습니다."

그들이 일상적으로 사용하는 것은 모두 날짜가 지난 신문의 뒷면이다.

유통업계에서 그렇게 큰 영향력을 발휘하는 월마트인데 복사용지 몇 장이 회사의 발전에 그렇게 큰 손해를 가져올 리 없다. 그러나 이는 일종의 정신을 보여 준다. 그것은 월마트가 위에서 아래까지 모두 실천하는 근검절약 정신이다. 이는 모두가 실천하기에 더욱 응집력을 가진다. 모든 직원들이 회사를 위해 100원 짜리 동전 하나라도 아끼려고 노력하는 동안, 기업은 분명 더 많은 이익을 얻을 것이다.

월마트의 절약 정신은 종이 한 장을 아끼는 것에서 그치지 않는다. 특히나 각국의 지역 대표들이 모이는 단체 회의에 참석할 때 참석자들은 모두 샤워 정도만 할 수 있는 평범한 숙소에 묵게 된다. 월마트가 지나치게 인색한 것일까? 물론 그렇지 않다.

이런 행동은 모든 월마트 회사가 있는 곳에 일종의 근검절약 분위기를 만든다. 모든 직원들이 기업의 이익을 생각하고 있는 것이다. 이것이 바로 기업 발전에 필요한 것 아니겠는가?

절약 정신으로 직원들을 관리하는 것은 효과적으로 직원들을 하나로 모을 뿐만 아니라, 기업의 자원을 합리적으로 배분하는 데 똑같이 도움이 된다. 직원이 절약하고 아끼는 기업의 분위기 속에 있으면, 기업의 절약 정신과 제도에 대해 동질감을 느끼게 된다. 나아가 스스로의 행동도 그렇게 제약하게 된다.
근검절약은 집단의 힘을 하나로 모아줄 뿐 아니라, 동시에 기업의 자원을 절약해 주기도 한다.

절약 정신으로 직원들을 관리하는 과정에서, 관리자는 다음의 몇 가지 사항을 주의해야 한다.

첫째, 규율의 모범이 되어야 한다.
어떤 제도나 경영 방식의 집행에 있어, 관리자는 가장 먼저 관리를 받는 대상이 되어야 한다. 기업의 근검절약 분위기를 만들고자 한다면, 기업 관리자는 반드시 스스로 원칙을 지켜 직원들의 좋은 모범이 되어야 한다. 관리자는 직원들의 모범이 될 때 권위를 갖게 된다. 직원들은 그 권위를 따라 스스로의 행동을 절제할 것이다.

둘째, 작은 절약부터 시작하자.

낭비하는 사람은 그의 직위가 높고 낮음을 막론하고 모두 관리자의 엄격한 비판을 받아야 한다. 이는 잘못된 행동을 교정하고, 동시에 근검절약하는 행동을 인정하는 것이다. 특별히 절약하는 행동에 대해서는 관리자가 마땅히 즉각적인 상과 칭찬을 주어야 한다. 그래야 직원이 정확한 행동 규범을 만들 수 있다. 물론, 이런 행동들은 직원의 일에 대한 열정을 유지시키는 것이 전제가 된다. 만약 비판과 포상이 효과적으로 직원의 낭비 행동을 고치긴 했지만 직원들의 일에 대한 열정에 악영향을 미치게 된다면, 그것은 기업 관리 면에서는 실패한 셈이 된다.

셋째, 사소한 것을 아끼는 것에서 시작하자.

사람들이 우수한 품성을 갖춘 사람이 존경받을 만하다고 여기는 이유는, 그들의 아주 사소하고 작은 행동을 통해 이런 품성이 귀하다는 것을 발견할 수 있기 때문이다.

간단한 예를 하나 들어 보자.

한 아들이 매달 자신의 부모에게 30만 원을 용돈으로 드린다. 사람들은 이런 행동을 마땅히 해야 할 일이라고 생각한다. 한편으로 이것은 법률이 요구하는 것이기도 하고, 다른 한편으로는 기본적인 도덕에 해당되는 것이기 때문이다.

그러나 만약 어떤 아들이 자신의 노모를 위해 도로에서 신발 끈을 묶어 주는 것을 본다면, 당신은 분명 큰 감동을 받을 것이다.

왜냐하면 이런 사소한 부분은 소홀히 여겨지기 쉽기 때문에, 여기서 품성의 아름다움이 드러나는 것이다.

근검절약 또한 마찬가지다.

큰 단위에서의 절약은 직원들에게 있어 당연하고, 일반적인 일로 느껴진다. 그리고 직원들의 생각을 자극할 만한 것이 못 된다. 아주 사소한 부분에서부터 시작해야 오히려 효과적으로 근검절약의 정신을 강화할 수 있다.

근검절약 정신으로 스스로의 행동을 제어하자

왕융칭의 법칙은 기업 관리에만 영향을 미치는 것이 아니다. 우리의 일상생활에서도 이 법칙은 똑같은 깨달음을 준다.

기업이 발전하기 위해서는 근검절약 정신이 필요하다.

개인 또한 바람직한 인격을 형성하고, 다른 사람들의 존중과 인정을 얻기 위해서는 근검절약의 정신이 필요하다.

그러나 현실 생활에서 낭비는 이미 부를 과시하는 수단이 되었다. 이는 일종의 왜곡된 비교 의식에서 비롯된 현상이다. 낭비하는 행동을 통해 자신의 신분과 지위를 뽐내는 것이다.

그러나 겉치레를 위해 돈을 낭비하는 심리는 자신이 그 정도의 사치는 감당할 수 있다고 착각하는 심리 상태이다. 이는 또한 수

많은 사람들이 낭비를 싫어하면서도 일정한 경제 수준에 도달하면, 오히려 겉치레를 위해 낭비하게 되는 원인이 된다. 하지만 현실의 환경은 이런 심리 상태를 배척한다.

사람들은 대체로 근검절약하는 사람을 더 높이 평가한다. 겉치레로 낭비를 하는 사람은 사람들로 하여금 자신을 멀리하게 만든다. 설령 겉으로는 사람들이 그를 따르거나 같이 어울리는 것 같아 보이지만, 근본적으로 과시적인 낭비는 인간관계에 부정적인 영향을 미친다. 다시 말해, 어떤 상황에 있건 사람들은 대부분의 경우 겉치레로 낭비하는 행동을 비난하지는 않지만 본질적으로 이런 행동을 꺼리게 되어 있다.

근검절약은 품성뿐만 아니라, 동시에 일종의 정신적인 면모를 보여 준다. 근검절약하는 사람은 대부분 일을 아주 성실하게 하고, 조금도 소홀히 하지 않고 빈틈이 없으며, 집요한 정신을 가지고 있다. 간단한 예를 하나 들어 보자.

만약 당신이 대학 식당에서 호사스럽게 먹고 마시는 친구와 간단한 반찬에 죽 정도 먹는 친구가 한자리에 앉아 식사하는 모습을 본다면 어떤 생각이 들 것 같은가? 당신은 분명 호사스럽게 식사를 하는 친구에게 눈살을 찌푸리게 될 것이다. 비록 이것이 아주 평범한 일에 불과하다 해도, 바로 그의 곁에 아주 소박한 식사를 하는 친구가 있다는 이유만으로 그의 행동은 사람들의 불만을 사게 된다. 사람들은 소박한 식사를 하는 친구에게 분명 더 큰 이상이 있을 것이며 그가 그 이상을 이룰 수 있을 것이라고 믿고 싶어 한다.

근검절약은 우리의 품성을 고양시켜, 우리가 삶 속에서 더욱 쉽게 사람들의 인정을 받을 수 있게 해 준다.

근검절약은 동시에 일종의 구속력을 가진다. 우리의 생각과 행동을 구속하는 것이다. 우리를 정확한 방향으로 인도하고, 발전의 효율을 높이게 한다.

근검절약은 개인의 좋은 이미지를 만들어 줄 뿐 아니라, 다른 사람과의 인간관계를 만드는 기초가 되기도 한다. 아낄 줄 아는 사람은 일상생활에서 작은 절약을 할 뿐 아니라 시시때때로 스스로의 행동을 돌아본다. 사람들은 그를 즐겨 찾게 되며, 그와 더욱 좋은 관계를 맺기를 원하게 된다.

웨이틀리 Denis Waitley 의 법칙

─ 세속의 욕망에 지지 말 것 ─

성공한 사람들이 한 일은 대부분의 사람들은 원치 않는 일이다. 세속적인 욕망에 빠지지 않아야 평범해지지 않을 수 있다. 이것이 웨이틀리의 법칙이다. 이 법칙은 어째서 아주 소수의 사람만이 성공하는지에 대해 이야기해 준다.

성공하는 사람들의 세 가지 특징

영국 웨스트민스터 교회의 지하실에는 다음과 같은 문구가 적힌 비석이 하나 있다.

'어릴 적 나는 이 세상을 바꾸고 싶었지만, 어른이 되고 나서 세상을 바꿀 수는 없다는 것을 깨달았다. 그래서 시야를 조금 좁혀, 나의 조국만 바꿔 보자고 생각했다. 하지만 막상 나이를 먹고 보니, 나에겐 애초에 내 나라를 바꿀 수 있는 능력이 없었다. 그래서 결국에는 내 집 하나만 바꿔 보자고 생각했다. 하지만 이 역시도 불가능했다. 나이가 들대로 들어 침대에 눕게 되고, 나무 토막처럼 되면서 나는 문득 깨달았다. 만약 처음부터 내가 나 자신을 바꾸는 것부터 시작했더라면, 적어도 우리 집은 바꿀 수 있었을지 모른다. 가족들의 도움과 격려 속에서 내 나라를 위해 뭔가를 할 수 있었을지 모른다. 그런 다음에 또 누가 알겠는가? 나는 세상을 바꿀 수 있었을지도 모른다.'

우리 모두에게 가장 중요한 것은 자기 자신을 바꾸는 것이다. 스스로를 바꿈으로써 주변 환경에 영향을 미치고, 나아가 자신이 원하는 것을 이루고 성공할 수 있다. 자신을 바꾸는 것은 스스로의 생각을 바꾸는 것에서부터 시작한다.

성공한 사람들이 성공할 수 있었던 것은 대부분 그들이 가진 생각 때문이다. 그들은 독특한 관점을 가지고 있었기 때문에 아주 작은 부분에서, 혹은 보통 사람들은 하고 싶어 하지 않거나 아주 하찮게 여기는 것들 속에서 성공의 돌파구를 찾을 수 있었다.

성공한 사람과 보통 사람의 차이는 다음 세 가지로 정리해 볼 수 있다.

첫째, 성공한 사람의 생각

영국의 웨스트민스터 교회의 비석에 쓰여 있는 것처럼, 성공한 사람은 보통 사람들과 똑같이 큰 꿈을 가지고 있다. 하지만 그들이 성공할 수 있었던 것은 스스로를 바꾸는 것에서 시작했기 때문이다. 또한 하루아침에 성공하려는 마음을 먹지 않고, 단시간에 자신의 꿈을 이루려 하지 않았기 때문이다.

자신을 바꾸는 것에서 시작해서 세상을 변화시키려는 생각은 결코 모든 사람들이 가지고 있는 것은 아니다. 사회 발전 과정에서 사람들은 이익에 급급해 서둘러 성공에 다가가려 하는데, 이것은 이미 보편적인 현상이 되었다.

사람들은 누구나 효율을 추구한다. 노력을 한 뒤에는 모두 소득을 얻길 바란다. 그러나 현실의 상황에서 우리에게 주어지는 일이나 업무는 단기간에 현실적인 요구를 만족시켜 줄 수 없다. 이 것은 흔히 다음과 같은 관념을 형성한다.

"단기간에 성과나 이득을 볼 수 없는 일이라면, 계속 해 봤자 의미가 없다."

그렇기 때문에 현실 속에서 수많은 일과 업무는 실행하기 전에 이미 이런 관념에 의해 배척된다. 눈앞의 성취나 효과가 없는 일이나 업무는 곧바로 의미 없는 것이 되어 그 일을 계속해 나갈 동력을 잃게 되는 것이다. 이런 근거 없는 포기는 보통 사람들이 성공하기 어려운 근본 원인이 된다.

어떤 특별한 재능이나 강점을 가지고 있는 사람만이 성공하는 것은 아니다. 성공한 사람들은 무엇보다 성공하는 사람의 생각을 갖추고 있다. 그것은 사람이 땅에 발을 디뎌 실제적으로 현실을 직면하게 만드는 동력이며 또한 성공을 위한 관건이 된다.

둘째, 계속 해 나가는 것

성공하는 사람의 생각을 갖추면, 어떤 일을 지속적으로 해 나가는 것은 어렵지 않게 일상적인 행동이 된다. 관념은 의식에 영향을 미치고, 의식은 사람의 행동에 결정적인 영향을 미친다.

물론 개인의 지속성은 외부 환경과 여러 요인의 영향을 받을 수 있다. 현실적인 작업이나 일처리의 과정에서 자신이 가진 신념을 유지하고 강화해 나가야만, 신념에 걸맞는 행동을 할 수 있다. 그러나 사람은 결코 단독적인 존재가 아니다. 복잡한 사회

관계의 집합 속에서 생각의 독립을 유지하는 것은 결코 간단한 일이 아니다. 개인은 사회관계에 좌우되며, 인간관계를 맞춰 나가기 위해 스스로의 관점을 바꾸기도 한다. 이것은 일상생활 속에서 흔히 나타나는 보편적 현상이다. 수많은 사람들이 발전의 과정 가운데 꿈과 끈기를 잃어버린다. 더 많은 경우, 주변 환경과 다른 사람들의 태도에 영합해서, 결국에는 올가미와 같은 복잡한 관계에서 벗어날 수 없게 된다.

어떤 행동을 계속해 나가는 것은 쉬운 일이다. 하지만 어떤 관념을 계속 유지하는 것은 결코 쉽지 않다. 이것이 성공한 사람과 보통 사람의 두 번째 차이점이다.

셋째, 축적

자기 하고 싶은 대로만 해서 성공할 수 있는 사람은 없다. 성공에 대한 신념이 아무리 강력하다고 할지라도 능력의 축적 없이는 성공은 그저 몽상에 불과한 것이 된다.

성공한 사람들은 두 가지 방면에서 축적을 한다.

하나는 능력과 현실 조건의 축적이다. 이는 최종적인 성공을 이루기 위해 결코 없어서는 안 될 조건이다.

다른 하나는 성공 관념의 축적이다.

관념이 주변 환경과 다른 사람들의 영향을 받게 되는 것은 그 관념이 자신의 일상생활에 녹아 있지 않기 때문이다.

관념이 형성되기 위해서는 아주 작은 일을 진행하는 것으로 시작해서 끊임없이 강화되는 과정을 거쳐야 한다.

주변 환경과 사람들에게 영향을 미쳐 최종적으로 형성된 성공의 관념만이 합리적이라 할 수 있다. 그렇게 축적의 과정을 거쳐 형성된 관념은 다른 사람들에게도 받아들여지고, 스스로에게도 중요한 영향을 미치게 된다. 이것이 성공한 사람과 보통 사람들의 세 번째 차이이다. 성공한 사람과 보통 사람이 일상 생활에서 보여 주는 모습을 관찰하면 이런 차이를 쉽게 발견할 수 있다.

세상에 가치 없는 '일'은 없다. 실현할 가치가 없는 '생각'이 있을 뿐이다

위의 분석을 통해 우리는 성공의 관건은 성공하는 사람의 관념을 갖추는 것이라는 사실을 확인했다. 성공한 사람의 가장 기본이 되는 관념은 자신을 바꾸는 것부터 시작해 점차 주변 환경을 바꾸고 최종적으로 자신의 꿈을 이루는 것이다. 이 과정에서 우리는 흔히 자신의 가치관 때문에 어떤 일과 작업에 대해 객관적이지 않은 판단을 하게 된다. 예를 들어, 기업가가 되는 꿈을 꾸는 사람은 시작할 때 말단 직원의 일부터 시작하려고 하지 않는다. 그들은 보통 더 좋고, 더 높은 직책의 일을 해서 현실과 꿈 사이의 거리를 줄이고자 한다. 그렇기 때문에 할 가치가 없다고 여기는 일이 생기는 것이다.

심리적인 측면에서 보면, 이는 조급한 성공과 눈앞의 이익에만 몰두하는 것이다. 자신의 조건과 현실의 환경을 객관적으로 고려하지 않는 처사이기 때문이다. 어떤 출발점에서 자신의 꿈을 시작할지 결정할 수 있는 사람은 거의 없다. 물론 어디에서 시작하든 자신의 능력과 경험은 똑같이 중요한 영향을 미치지만 말이다.

간단한 예를 하나 들어 보자.

만약 당신이 회사에서 아주 높은 자리에 오르고 싶다면 무엇보다 먼저 업무에 관한 실력을 갖춰야 한다. 그 다음에는 경력을 쌓아야 한다. 높은 직위는 일정 시간을 통해 자신의 능력을 끌어올리고, 경험을 쌓을 것을 요구한다.

어떤 일이든 나름의 존재 가치를 가지고 있다. 일을 대하는 태도는 대부분의 경우 그 사람의 발전 가능성을 결정한다. 별것 아닌 것 같아 보이는 일을 마주했을 때, 당신이 허둥대고 초조해 하거나 귀찮아한다면, 이는 곧 당신의 능력이 부족함을 의미한다. 사소한 것처럼 보이는 부분일수록 사람의 능력이나 품성을 더욱 확실하게 반영하는 경우가 많다.

작은 일에 항상 실수를 하는 강자와 작은 일에도 진실하게 임하는 보통 사람이 있다. 당신은 어떤 사람의 발전 가능성이 더 크다고 생각하는가?

매달 부모에게 30만 원의 용돈을 드리는 사람과 길에서 나이든 아버지의 신발 끈을 묶어 드리는 사람 가운데, 당신의 눈에는 어떤 사람이 더 부모에게 효도할 품성을 가진 것으로 보이는가?

세상에 가치 없는 일은 없다. 가치 없는 일이 있다고 여기는 생각이 있을 뿐이다. 눈앞에 놓인 일의 가치를 인정하지 못한다면 사람들은 당신이 더 높은 직위에 올라 이루어 낸 성과를 인정할 수 없게 된다. 설령 당신이 온갖 수단과 방법을 동원해 더 높은 직위에 올랐다고 하더라도, 당신에 대한 사람들의 평가는 여전히 바뀔 수 없을 것이다.

성공에는 고난이 따른다. 실리를 따지는 현실 환경의 영향에서 벗어나 자신을 변화시키는 것부터 시작해 조금씩 세상을 바꾼다는 건 너무 어려운 일이기 때문이다.

하지만 성공은 동시에 아주 간단한 일이기도 하다.

사소한 일에서부터 시작해서 마땅히 해야 할 일을 잘하고, 끊임없이 능력과 경험을 쌓기만 하면 당신의 변화는 곧 주변 환경의 인정을 받을 수 있게 된다.

"주변 환경을 바꿀 수 없다면, 그 환경에 적응하라."

이 문장처럼, 환경에 적응하는 것은 그 환경을 바꾸는 출발점이 된다. 그 환경이 당신의 변화와 발전을 인정하게 만든다면, 성공으로 가는 길 또한 쉽게 열릴 것이다.

워선Warsun의 법칙

― 성공은 얼마나 알고 있느냐에 달려 있다 ―

뉴스와 정보를 가장 첫 번째 자리에 두면 돈은 저절로 굴러들어온다. 당신이 얼마나 손에 넣을 수 있는지는 당신이 얼마큼 알고 있는지에 달려 있다.

정보를 가진 사람이 천하를 얻는다

요즘과 같은 정보화 시대에 "정보를 가진 자가 모든 것을 얻는다"는 표현은 전혀 과장된 것이 아니다. 인터넷 네트워크 기술이 나날이 완벽해지고 있는 오늘날과 같은 상황에서 정보의 가치는 점점 더 기업과 사람들의 관심을 끌게 되었다.

복잡하고 다변하는 시장 환경에서 시장과 관련된 소식과 정보는 기업 발전을 증진하는 계기가 된다. 과학 기술의 발전에 힘입어 이제는 정보를 생산력으로 전환하는 것이 더 이상 어려운 문제가 아니게 되었다.

시장에 집중하고, 시장 변화의 법칙을 발견하고, 나아가 이로부터 기업 발전의 돌파구를 찾는 것은 이제 기업이 반드시 해야 하는 일이 되었다.

위선의 법칙은 정보가 기업의 발전에 중요한 역할을 한다는 것을 보여 준다. 그러나 시장 정보는 변화를 이끄는 힘과 여러 가지 변화로 뻗어가는 힘을 동시에 가지고 있다. 그것은 구체적인 수치로 기업에 전달되지 않는다. 간단히 말해, 시장의 변화는 일정한 법칙성을 가지고 있지만 결코 절대적인 법칙을 따르지 않는다. 시장 상황은 대부분의 경우 일반 법칙을 벗어나 있으며, 규칙에 부합되지 않는 현상들이 종종 발생한다.

기업의 입장에서 보면, 규칙성 없는 시장의 변화는 곤경이나 재난으로도 여겨진다. 기업은 시장을 목표로 삼고, 시장의 변화를 근거로 해서 생산품이나 기업의 성격을 바꾼다. 규칙이 없는 시장 변화는 기업을 잘못된 방향으로 이끌게 되고, 결국 기업에 심각한 손실을 가져온다.

시장이 전달하는 정보는 다음의 몇 가지 특징을 가지고 있다.

첫째, 즉시성

소비자의 수요 변동에 대한 기업의 반응은 대부분 즉각적이다. 시장이 아주 분명하게 드러내는 특징은 단기간 내에 또 다른 소비 경향으로 대체된다. 이런 즉각적인 정보를 장악하고 있는 기업은 큰 이익을 얻을 수 있다.

둘째, 은밀성

시장 변동과 관계된 정보는 거의 소비자의 소비 행동에 감춰져 있어 기업으로서는 알아차리기 어렵다. 이런 정보를 기업이 얻게 되는 것은 기회가 이미 지나가 버린 상태인 경우가 많다. 하지만 또 다른 측면에서 보면, 이런 숨겨져 있는 시장의 정보는 쉽게 소비자들에게 노출된다. 선견지명이 있는 기업은 일찌감치 이런 정보들을 종합해 시장의 승리자가 된다. 시장 조사를 핵심 과제로 삼는다면 그것이 기업 발전의 근간이 될 수 있을 것이다.

셋째, 보편성

시장 정보를 통해 파악되는 소비자의 경향이나 소비 패턴은, 소비자 집단을 겨냥한 것이다. 다시 말해, 명확한 시장 정보일수록 그 정보가 적용되는 소비 집단의 수가 늘어난다는 것이다. 하지만 이는 동시에 더 많은 기업이 경쟁에 참여하게 될 가능성이 크다는 것을 의미한다. 즉, 시장 정보가 명확할수록 오히려 중소기업에게는 불리해진다. 이런 시장에서 대기업이 가진 경쟁력과 영향력을 중소기업이 흔들기는 매우 어렵다.

넷째, 발전성

소비자의 소비 패턴에 대한 시장 정보는 발전성을 띠기 마련이다. 소비자 수요는 더 크고 넓은 시장의 비어 있는 부분을 보여준다.

간단한 예를 하나 들어 보자.

컴퓨터가 처음 세상에 나왔을 때 당시의 기업들은 대부분 컴퓨터 하드웨어가 돈을 벌 수 있다고 생각했다. 컴퓨터 하드웨어에 대한 시장의 수요가 대다수의 컴퓨터 하드웨어 생산 발전에 영향을 미친 건 확실하다. 당시의 IBM의 경우를 예로 들 수 있겠다. 하지만 소프트웨어는 컴퓨터 하드웨어에 비해 훨씬 더 시장이 넓었다. 컴퓨터 하드웨어의 발전이 완성된 후 컴퓨터 조작 시스템과 소프트웨어에 대한 수요는 더욱 넓은 시장 공간을 가져올 수 있었다. 시장 정보의 발전성에 근거해서 소프트웨어가 성공을 얻은 것이다.

정보를 찾아내고, 파악하고, 그것을 이용하면 앞서 나갈 수 있다

정보는 기업의 내부 관리와 기업이 시장에서 가지는 경쟁력에 영향을 미친다. 이는 동시에 기업이 발전을 하고, 그것을 유지하는 중대한 요인이 되기도 한다.

기업이 시장에서 경쟁력을 가지고자 한다면, 가장 먼저 스스로를 엄격하게 관리하고 질서를 갖춘 단일체로 만들어야 한다. 이는 기업 경쟁력을 강화하는 내부 요인이며, 개인이 집단 안에서 경쟁력을 가지고자 할 때 가장 먼저 스스로 긍정적으로 완성된 주체가 되어야 하는 것과 같다. 이렇게 해야 그 능력이 집단 안에서 긍정적으로 작용한다.

다음의 몇 가지 사항은 기업 관리에 관련된 정보의 중요성에 대해 말해 준다.

첫째, 강력한 집행력을 갖춘 팀원이 되기 위해서는 정보 수집과 피드백 능력이 필요하다.

집행력은 기업의 전투력을 보여 주는 것이다. 이는 기업의 효율성과 기초 작업을 보장하는 것이다. 기업을 경영하는 과정에서, 정보의 수집과 피드백은 기업 관리의 효율성을 보여 준다. 각 방면의 데이터를 종합하고, 문제를 일으킨 주요 정보가 무엇인지 찾아내며, 나아가 긍정적인 대책을 강구해 관건이 되는 정보를 종합해 처리하고, 진정으로 효과가 있는 대책을 제도로 만들어 낸다. 이렇게 해야 진정으로 문제를 해결하고 똑같은 문제가 다시 발생하는 것을 피할 수 있다.

또 다른 각도에서 생각하면 직원과 팀원들의 작업 행동은 시시각각 기업 관리자에게 정보를 전달한다. 이런 정보들을 종합하고 처리하는 것은 경영자의 경영 능력을 보여 준다. 이런 종류의 정보 수집과 피드백은 직원과 경영자 사이의 균형을 쉽게 맞춰 주고, 기업 전체의 역량을 하나로 모아 주며, 기업 발전의 실질적인 내부 기반을 제공한다.

이 과정에서 관리자는 다음의 몇 가지 내용을 주의해야 한다.

1. 직원 행동의 정보 피드백

직원의 행동은 기업 관리자에 대한 가장 직접적인 피드백이다. 그것은 두 가지 내용을 드러낸다.

먼저, 기업 관리의 효율과 영향력은 직원 행동의 피드백을 통해 더욱 잘 판단될 수 있다. 또 다른 측면에서 직원의 행동이 전하는 정보는 기업이 관리 대책을 세우는 데 중요한 근거가 된다. 직원의 행동으로 전달된 정보를 종합해서 그와 관계있는 경영 대책을 세워야만 관리가 긍정적인 작용을 하게 된다. 가장 좋은 경영 방식 같은 것은 없다. 가장 적합한 경영 방식이 있을 뿐이다. 기업 자체에 가장 알맞은 경영 방식을 세우는 것은 직원들에 대한 기업의 관심으로부터 나온다.

2. 문제의 발생과 해결

기업이 발전하는 과정에서 문제가 발생하는 것은 피할 수 없다. 이는 기업이 모든 정보를 종합할 수 없다는 것을 보여 준다. 기업에 문제가 나타나는 이유는, 충분한 준비를 하지 않았기 때문이다. 기업이 충분한 준비를 할 수 없게 되는 것은 객관적으로 스스로의 문제를 인식할 수 없다는 데에 기인한다. 기업이 자신의 문제를 이해해야만 경영 방식에서 어떤 점이 부족한지를 알 수 있고, 나아가 그것을 효과적으로 처리해 똑같은 문제가 반복되는 것을 예방할 수 있다.

관리자는 문제를 해결할 때 문제를 야기한 근본 원인이 무엇인지를 캐내어 문제의 근본 원인을 효과적으로 통제해서 관리 경영의 효율을 높여야 한다.

3. 명령의 전달과 행동에 대한 피드백

명령의 전달과 행동의 피드백은 기업 관리의 실행력이 직접적으로 드러나는 부분이다. 명령의 전달과 행동의 피드백은 한 몸처럼 따라다니는 것이다. 현명한 관리자가 명령을 아래로 전달하면, 그 후 직원들이 곧바로 그에 대한 피드백 행동을 한다. 이는 다시 말해, 직원들이 즉각적인 실행력을 갖추고 있어야 한다는 것이다. 그러기 위해 관리자는 다음 몇 가지를 주의해야 한다.

1) 명령의 내용은 간단명료해야 한다.
특히 다양한 종류의 복합적인 명령의 경우, 그 일의 중요성이 아주 분명하고 명확해야 한다. 이는 직원이 무엇을 즉시 해야 하고, 어떤 일을 시간 내로 끝마쳐야 하는지를 알게 해 준다. 명령은 결과에 대한 요구만이 아니라 동시에 일종의 작업 분배이기도 하다.

2) 명령 전달의 중간 단계를 줄여라.
서로 다른 직위를 가진 사람 사이의 정보 전달은 정보의 진실성을 잃거나, 심지어는 완전히 왜곡되기도 한다. 그래서 명령을 전달할 때, 중간 단계의 정보 저항을 줄여야 한다.

3) 명령의 결과를 강조하라.
관리자가 전달하는 명령을 이해하는 능력은 직원에 따라 차이가 있다. 이로 인해 명령을 집행한 결과 역시 항상 차이를 보이게 된다. 그러므로 관리자는 결과의 형태를 강조해서 직원들의 행동 지침을 정해 주어야 한다. 어떻게 해야 하고, 어떤 방법을 써야 하고, 어떤 효과를 내야 하며 얼마큼의 시간 내에 마쳐야 하는지가 모두 명령에서 드러나야 한다.

둘째, 시장 정보를 장악해 경쟁력을 끌어 올려라.
시장 경쟁력은 기업 생존의 기본 토대가 된다. 경쟁력이 없는 기업은 시장에서도 영향력이 없다.

앞에서 우리는 기업 내부의 정보 전달과 피드백이 어떻게 기업 내부를 효과적으로 관리해 전투력을 갖춘 팀을 만들어 내는지에 대해 살펴보았다.

전투력을 갖춘 다음에는 시장 정보를 선점하는 것이 더욱 중요하다. 기업이 시장 정보를 장악하면 앞선 발전의 기회를 손에 넣을 수 있다. 남들보다 앞서 기회를 잡는다는 것은 경쟁에서 상대방을 이기는 관건이 된다.

시장 정보를 종합하고 이용하는 과정에서 기업은 다음의 몇 가지를 주의해야 한다.

1. 시장 환경을 근간으로 삼아 시장 정보를 종합하라.

기업의 생존은 시장에 달려 있다. 기업이 필요로 하는 시장 정보는 시장 환경을 근거로 해야 한다. 시장 환경에서 동떨어진 정보는 효과가 없고, 가짜인 경우가 많다. 기업이 시장 정보를 통해 돌파구를 찾고자 한다면, 가장 먼저 현실의 시장 환경이 이 돌파구에 대한 충분한 근거가 될 수 있는지 이해해야 한다. 만약 새로운 발명이나 신기술이 시장 환경에서 크게 발전할 수 있는 조건을 갖추고 있지 않다면, 기업의 소위 혁신이라는 것도 효과적인 생산력으로 전이되지 못한다.

2. 시장 정보의 종합은 발전성을 돌파구로 삼아야 한다.

중소기업이 시장에서 가지는 경쟁력은 대부분 기업의 자본과 능력에 영향을 받는다. 유한한 자원에 의존해서 격렬한 시장 경쟁에 뛰어든다면, 기업은 종종 거대한 충격과 손실을 입게 된다. 소위 발전성이라고 하는 것은 이미 만족을 얻은 시장 수요 가운데 또 다른 종류의 발전 가치를 가진 시장 수요를 발견하는 것을 의미한다.

마이크로소프트는 이런 방식으로 성공한 사례 가운데 하나이다. 그 당시 마이크로소프트의 실력으로 컴퓨터 하드웨어 시장의 경쟁에 뛰어들고자 했다면, IBM과 같은 대기업의 배척을 받아 효과적인 발전을 이룰 수 없었을 것이다. 빌 게이츠는 컴퓨터 하드웨어 시장의 발전성에 대한 이해를 근거로 했기 때문에 소프트웨어가 가진 광활한 시장을 인지할 수 있었고, 그 덕에 소프트웨어가 최종적인 성공을 이룰 수 있었다.

3. 시장 정보의 공유

시장 정보의 공유는 시장 정보를 빠르게 생산력으로 전환하는 방법이다. 이것이 소위 기업 간의 합작이다.

혁신적인 생산품이나 기술이 잠재적으로 거대한 시장을 형성할 가능성이 있는 상황에서, 이런 시장 정보가 야기하는 기회는 순식간에 사라진다. 만약 기업이 스스로의 실력에만 의존해 정보를 생산력으로 바꾼다면, 그 변환 과정에서 이런 기회는 다른 기업들이나 경쟁력이 큰 기업의 출현으로 경쟁 상태가 되기 쉽다. 그럴 경우 그 기업이 원래 가지고 있던 강점은 쉽게 다른 기업들의 강점이 된다.

기업이 시장 정보를 종합하여 돌파구를 발견한 다음 효과적으로 다른 기업과 합작을 한다면 시장 정보를 신속하게 생산력으로 바꿀 수 있다. 이것이 소위 '윈윈'이다.

서로 관련이 있는 기업 간의 합작은 시장의 기회를 선점하고, 발전을 이루는 데 있어 서로를 더욱 유리하게 한다.

마이크로소프트는 컴퓨터 소프트웨어라는 광활한 시장을 인지한 다음 가장 먼저 DOS 운영 체계를 사들여 소프트웨어 시장의 경쟁 적수를 배척했다. 한편으로는 IBM과 합작하여 시장에 신속하게 진입하게 되었다. 이로써 IBM과 마이크로소프트의 시장 경쟁이 사라지고 더욱 강한 연합이 맺어졌다.

마이크로소프트의 성공은 거인의 어깨에 올라선 결과라고 이야기할 수밖에 없다. 바로 이런 대기업 간의 합작을 통해 마이크로소프트는 빠른 속도로 시장에 진입하는 데 성공할 수 있었다.

개인의 발전 역시 이와 마찬가지이다. 일, 인간관계, 아니면 학업에 대해 효과적인 정보를 수집하고, 쓸모없는 정보를 버리면서 핵심이 되는 정보를 잡아 근본적인 문제를 해결하는 것은 모두 그 사람의 능력을 보여 준다.

대량의 정보를 파악하고 나면 그 정보들 가운데 더 가치 있는 것이 무엇인지 쉽게 찾아낼 수 있다.

당신이 얼마나 발전할 수 있는지는 대부분의 경우 당신이 얼마나 알고 있느냐에 달려 있다. 발전을 이루는 관건 또한 정보를 얼마나 효과적으로 종합하고 이용할 수 있는지에 달려 있는 것이다.

최선을 다했지만 성공하지 못했을 때, 원하는 걸 얻었지만 내게 필요한 건 아니었을 때, 모든 것을 놓아 버리고 싶다는 생각이 들기 마련이다. 누구나 자기 인생의 주인공이 되고 싶어 한다. 자신이 원하는 것이 무엇인지 깨닫고, 그것을 이루기 위해 필요한 과정을 이해하고, 행동으로 옮길 수 있기를 바란다. 하지만 이 세상에 마음먹은 대로 되는 일은 드물다.

『정률』은 그런 좌절에 맞서는 38가지 방법을 가르쳐 준다. 어떤 순간에 어떤 법칙이 도움이 될지는 사람마다 다를 것이다. 야생 오리처럼 더 과감하게 도전해야 할 때가 있고, 자신의 문제를 바로 인정하는 것이 가장 중요한 순간도 있을 것이다. 그런 순간마다 한 가지 법칙을 마음에 품고 무엇이든 한 발짝을 떼어 볼 기운만 내어 본다면 그 다음은 생각지도 못한 자신만의 길을 걷고 있는 스스로를 발견하게 될 것이다.

38가지 법칙은 자신만의 법칙을 발견하기 전까지 필요한 시행착오와 새로운 도전의 방법을 알려 준다. 이 법칙들에 얽매이거나 끝까지 그것을 지키는 데 의의가 있는 것이 아니다. 세상에는 그만큼 많은 수의 원칙과 방법들이 있고 그것들이 작동하는 원리를 들여다보면 자신의 삶 속에도 어떤 법칙이 필요함을 깨닫게 된다. 성공과 실패, 불행과 행복 모두 우연히 생겨나는 것이 아니다. 아주 사소하더라도 자신만의 원칙에 따라 살아가는 사람들은 알고 있을 것이다. 세상은 순간순간 변하지만 적어도 나 자신이 정말 중요하게 생각하는 원칙에는 반전이 없다. 예상치 못한 결과를 만나도 더 좋은 방향으로 나아가기 위한 자극과 기회가 되기 때문이다.

법칙들은 매일같이 달라지는 풍경 속에 나 자신을 잃어버리지 않게 지켜 준다. 등대와 이정표가 되어 준다. 그 길을 따라 뚜벅뚜벅 걸어 나가다 보면 다른 누구도 아닌 진실된 나 자신을 마주하게 된다. 타인과 타인의 욕망을 따라 헤매기보다 자신 안의 등불을 따라 걷는 자유로움을 깨닫게 된다. 하루에도 수백 가지 선택을 하고, 그 결과를 온전히 책임져야 하는 만큼 어떤 법칙에 대해서도 생각하지 않고 길을 걷는 사람은 좌절의 순간 모든 것을 그대로 놓아 버리게 된다. 운명과 과거의 모든 선택을 부정하고 새로운 도전을 시작할 용기를 잃어버리는 것이다.

저자는 우리 모두가 평범한 사람이란 것을 기억하게 한다. 하루 24시간만큼의 인생을 살고, 딱 그만큼의 교훈을 얻고 살아갈 수밖에 없는 평범한 사람들에게 '황금법칙'이라는 지름길을 알려 준다.

정률

: 반전 없는 성공의 법칙 38

초판 1쇄 인쇄 2018년 9월 10일
초판 1쇄 발행 2018년 9월 14일

지은이 리웨이원
옮긴이 민지숙

펴낸이 박혜수
기획편집 오영진 최여진 홍석인
해외저작권 김현경
디자인 원상희 최효희
관리 이명숙
마케팅 이정욱

펴낸곳 마리서사 출판등록 2014년 3월 25일 제300-2016-123호
주소 서울시 종로구 효자로 13길 46(효자동)
전화 02)334-4322(대표) **팩스** 02)334-4260 **홈페이지** www.keumdongbooks.com
페이스북 facebook.com/marieslibrary **블로그** blog.naver.com/marie1621

값 16,000원
ISBN 979-11-959767-7-5 13190

이 도서의 국립중앙도서관 출판예정도서목록(CIP)은 서지정보유통지원시스템 홈페이지(http://seoji.nl.go.kr)와 국가자료공동목록시스템(http://www.nl.go.kr/kolisnet)에서 이용하실 수 있습니다. (CIP제어번호: CIP2018025932)